一段沒有彩排的真實故事

旅行，從心開始

林政達——著

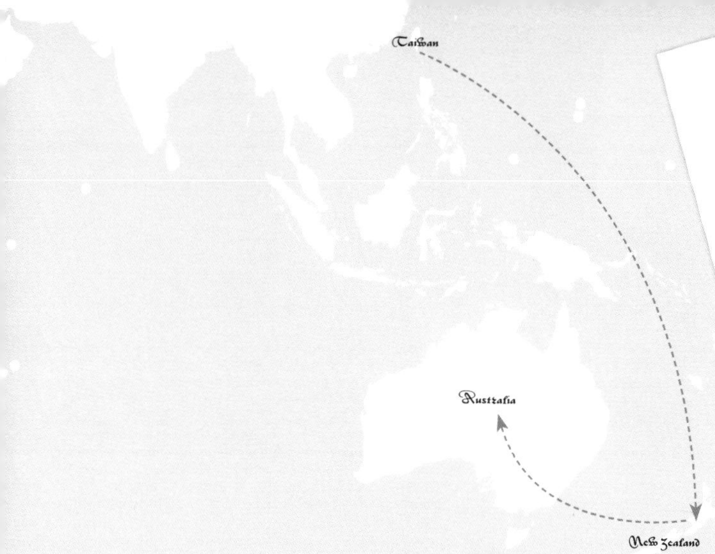

目次

自序　讓人生更快樂　10

前言　人生最完美的時刻，就是「現在」　13

不想做的人，會找到一萬個不去做的理由；
真心想做的人，會找出一個去實現的方法。

1　最困難的問題，往往只需要最簡單的答案　16

我小時候就開始演戲，演過叛逆的國中生、徬徨的大學生、出社會的新鮮人。
但是我說導演，今天可不可以先進段廣告？

2　人生任何值得做的決定，在做的當下心裡都是猶豫的　24

下了一個決心，就要去問、去學、去做。
不要只是在家玩COD、坐在電腦前感嘆時運不濟。
重要的不是我們處在什麼地方，而是我們正往哪個方向前進。

3　我們都是凡人，只有在失去後才懂得珍惜　36

這裡沒有木瓜牛奶、洗碗後要用布擦乾，沒有自己的大床、室友們的流汗不算浪漫。
沒有老爹叮嚀，才開車上路就吃了中指大餐，親自下廚後，才想起媽媽的可愛。

4 每個人都會按快門，但不是每個人都有好奇心 48
逛不完的超市、摸不透的地圖，壯觀的火山岩、熱鬧的陶波湖。
一點點好奇心，把愛情帶上路，每一個小鎮，都像一本故事書。

5 有時候，認真，你就輸了 56
住在八人房的B&B，我七個室友都是青春年華的少女。
一個睡覺不穿睡衣，一個做夢會呻吟。天殺的！到底是誰，把酒瓶放在我的麥片裡？

6 要成長，就要跨出舒適區 64
在深山裡，石階對石菩薩長嘆：為何你被萬人膜拜，我卻被萬人踐踏？
石菩薩說：你只挨兩刀而成石階，我卻是千斧萬鑿才成菩薩身，
過程不同，結果自然不同。

7 天堂不是地名，而是人名 72
我們常在想，哪裡才是夢中天堂？
到過深山、去過五星級奢華包廂，看過美景、吃過米其林三星龍蝦。
但我們終於發現，天堂不是一個地方，而是在一段旅行中，有心愛的人陪在身旁。

8 應無所住而生其心 92
人若能「無我」，在任何情境下，苦便無從生成、無處可附著。

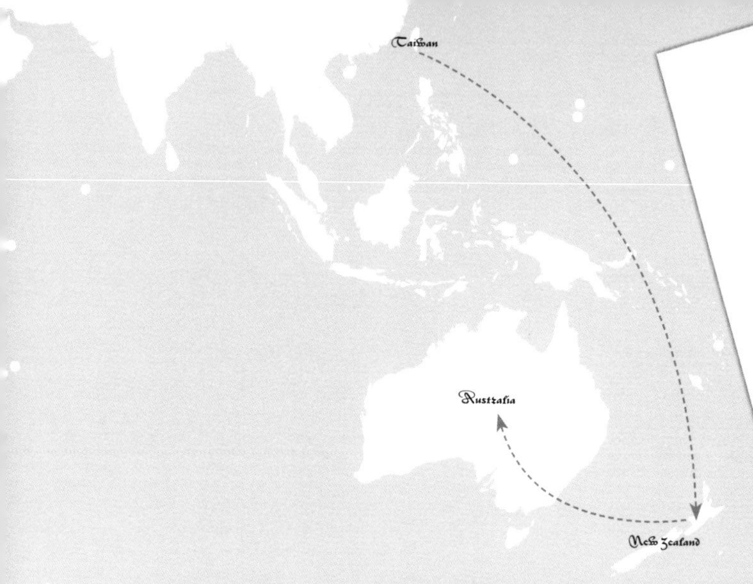

目　次

9 高空跳傘很可怕，但更可怕的是——主傘故障啦 104

我還沒欣賞硬碟裡的步兵，家裡的CPU等著我回去超頻，我的人、我的牽掛、我的心，隨著每平方秒九．八公尺的重力加速度往地面無情地襲去。當下，我領悟到，生命中最重要的，絕對不是頭銜、名車或百萬年薪。

10 幸運不是在賭桌上拿到好牌，而是知道什麼時候應該離開 116

有人投資一夕致富，於是貪求更多，誰料到金融海嘯會來，結果債臺高築節食縮衣。人生總會遇到幾件好事，而遇到好事重要的是要知足，不是再加碼下注。

11 如果意見容易一致，那麼世界上就不會有賽馬了 124

人的判斷力像是手錶，世上沒有兩隻錶能走得完全一樣，但每個人都相信自己才是對的。

12 如果沒有人替你開門，就要自己去開那扇窗 132

生活中有很多的不順心，但我們不能坐以待斃。危機就是轉機，努力就是回憶。如果沒有人開門，窗戶我們要自己去開啟。

13 沒有功勞，也有苦勞；沒有苦勞，也有疲勞 136

在辦公室，有舒服的冷氣，有完善的福利，動動嘴巴甩甩原子筆，三點喝杯咖啡，下班去唱ＫＴＶ，晚上回家泡澡，睡覺直到天明。
在農場裡，有熱浪會來襲，沒有保障年薪，肌肉痠痛鍛鍊意志力，三點汗流浹背，下班狂噴肌力，晚上回家復健，睡覺噩夢驚醒。

14 累了，可以休息一下，但是千萬不能放棄 144

別放棄，或許你曾做錯事情，或許你債務很高，存款很低，或許你想微笑，可是只能嘆息，累了，可以休息一下，可是千萬不能放棄。

15 先求有，再求好；先交流，再交心 152

坐在一邊等著、看著、不行動，永遠不會犯錯，但也永遠不會成功。人生最大的錯誤就是不犯錯誤，最可怕的錯誤就是犯相同的錯誤。不要想一步登天，先求有，再求好；先交流，再交心。

16 女人有三種類型：PSP、iPod Touch、0元手機 160

在錯的時間遇見對的人叫小三，在對的時間遇見錯的人叫三小，在錯的時間遇見錯的人叫衰小，在對的時間遇見對的人叫號小。

目　次

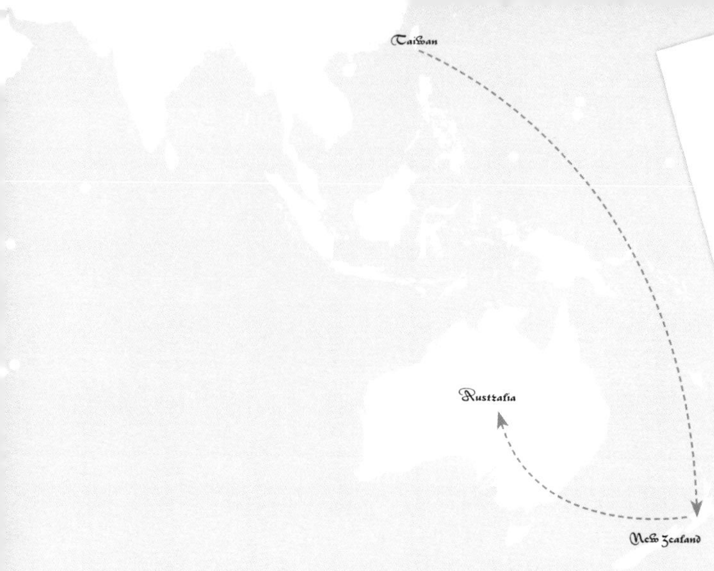

17 計畫趕不上變化，變化趕不上一通電話 168
生活常常無法預期，做好計畫是一回事，能不能完成又是另一回事。窮則變，變則通。

18 樂在工作，就是兼顧「意義」與「樂趣」 176
一味追求使命感，得不到當下的樂趣。只懂得尋求樂趣，找不到長久的意義。只有從勞動中發掘幸福的意義與樂趣，才能讓我們樂在其中，人生充滿幹勁。

19 不要在贏了別人的時候，卻輸了你自己 184
身上的名片頭銜很多，哪一個才是真正的自己？這一輩子贏過的人很多，但就是沒贏過心裡的聲音。

20 不是每件能算出來的事都有意義，也不是每件有意義的事都能算出來 192
理智如果領先，快樂就會殿後。快樂的祕訣就是：多用心，少用大腦。

21 人不一定要生活在第一流的城市，但要在任何城市過第一流的生活 200
要生活在一流的城市，要花很多錢。要過第一流的生活，要用很多心。

22 少做「該做的事」，多做「想做的事」 208
快樂取決於「想做的事」和「該做的事」在生活中所占的比例。早上是興奮地跳下床，還是想到上班就全身無力，下班是擁有快樂的滿足感，還是在回家後寂寞空虛，都由這個比例決定。

23 減少目標，和實現目標一樣幸福 220
我們總是期望自己能夠遠遠超越別人所立下的典範，結果付出的代價是，一輩子無止盡地擔心自己達不到那應有的成就。如果心裡充滿著憂慮，快樂又從何而來？

24 每日笑一笑，世界更美妙 228
消除壓力的兩個妙方：第一、別在意小事。第二、這世上很多事都是小事。

25 挫折，是旅行給我最好的禮物 236
一朵在溫室長大的玫瑰，無法孕育出大自然野性奔放的動人色彩。一個沒經過高溫燒烤的陶器，也無法展現釉色青出於藍的光彩奪目。一個沒有挫折的人生，就像是一座沒有上帝的教堂，一座沒有佛陀的寺廟，怎麼也莊嚴不起來。

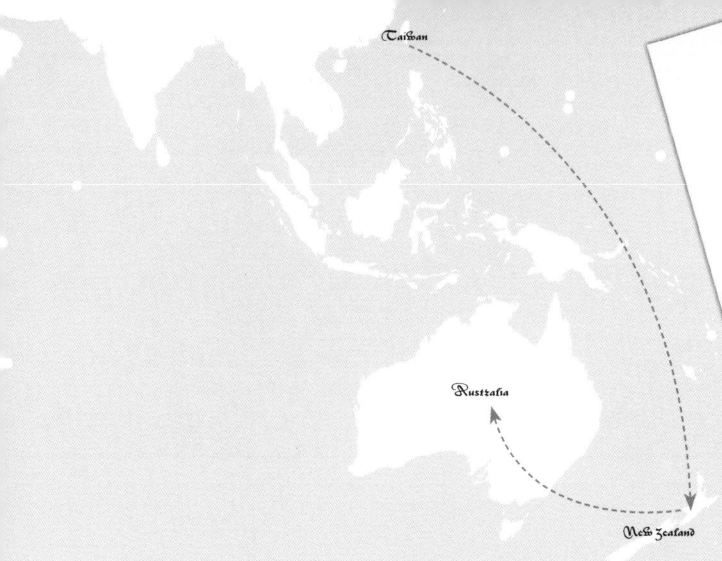

目次

26 求職，是科學；辭職，是藝術 244

相對於求職的科學，辭職比較像是藝術。科學講求事實，真相只有一個。藝術非常主觀，而且往往帶著情緒。
像是戀人要在分手後繼續當朋友，就要讓對方永遠記得你的好。

27 人生中最美好的回憶，一定都與人有關 252

工作要快樂，就要有好的上司、同事，下班要快樂，就要有好的家人、朋友，睡覺要快樂，就要有好的老婆、小孩，人！人！人！所有快樂的回憶，一定都與人有關。

28 沒有什麼事情，是命運女神不敢做的 256

人是一個軟弱、沒有保護，暴露在意外、疾病暴虐下的血肉之軀。我們所珍愛的一切，都有可能在極短的時間內，全部消失殆盡。

29 出國前我精通琴棋書畫詩酒花，回國後我擅長柴米油鹽醬醋茶 260

讓女人興奮的不是吃威而鋼，而是願意面對壓力扛下責任的肩膀。讓老婆高潮不是靠尋找神祕的G點，而是在生活中的每個細節中對她體貼一點。

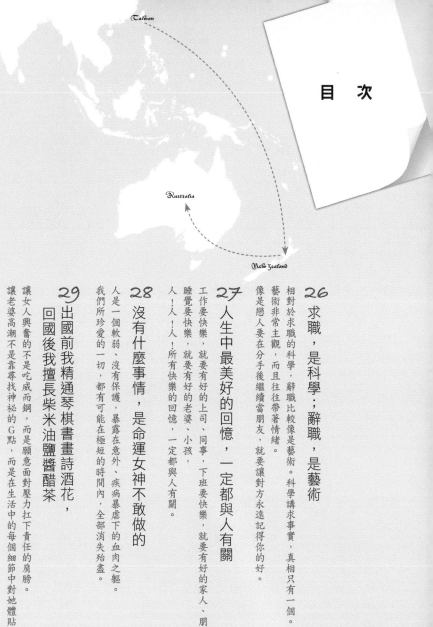

30 為自己工作，因為一生上班的日子很多 264

人的一生要換三份工作。第一份工作是為了生存，第二份工作是為了興趣，第三份工作是為了夢想。

自序　讓人生更快樂

坐飛機，適合想人生的意義。托運行李，包裹的是自己。翻開護照，看到的是決心。走向登機門，離開的是回憶。去的地方是雪梨，目的地其實是自己的心。

旅行可以增廣見聞、創造感動回憶，也可以讓人領略幸福的真諦。到了新的環境，不只會認識新朋友，人也會重新認識自己。新的不習慣，讓人體會到父母嘮叨的可愛、夜市小吃的精采。面對挑戰，讓我在困境中學會堅強，而不是第一時間就選擇倒帶。

待在家可以翹二郎腿，在異鄉可能傷痕累累，自助旅行不一定好玩，但一定刻骨銘心。因為旅行使人謙虛，讓人發現生命中意外的驚喜。我開始自助旅行的時間很晚，二十九歲到紐西蘭環島、澳洲旅行，一年二個月後，改變了我的人生。

旅行之前，我野心很大。一心汲汲營營，眼中只有獲利，目標是專業經理，代表形象的車子要買雙B，房子當然要買在大安區，為了出類拔萃和百萬年薪，隨便吃些東西、睡在公司也沒關係。

旅行之後，我欲望很低。我開始謙虛地、用心品嘗每一餐、每一口食物帶來的幸福，終於知道快樂不是來自於追求，而是來自於滿足，才發現認識自己比認識EPS重要，職位高也比不上現在脾氣變好、臉上常常笑。喜歡早上MRT的擁擠，臨摹王羲之的蘭亭集序。

旅行之前，我標準很高。東西一定要擺整齊，水果一定要削皮，衣服還有髒污就重洗，敢遲到我會說你算什麼東西。同事報告寫錯我丟回去，工作沒做完不准休息。沒人會記得誰是第二，所以我只要當第一，如果不能替公司賺錢，就不要指望今年會調薪。

旅行之後，我要求很低。東西亂丟我會幫你放回去，有人願意幫我削水果就謝天謝地，衣服忘了洗我會笑笑地說沒關係，你如果遲到，我就去旁邊7-11買杯榛果拿鐵等你。報告寫錯讓我來教你，工作做不完我們明天繼續努力，當第一總是怕被別人追上，所以睡得戰戰兢兢，不如今天我們來墊底，享受追別人然後超前的樂趣。公司有一天淘汰我，那也是預料中的事情。

在許多朋友存到第一桶金的三十歲，我放棄誘人的頭銜。站在人生的交叉口，我選擇好好地過生活，仔細品嘗生命的樂趣。我的存款雖然少了幾個零，但我的人生開始柳暗花明。

朋友問我，是怎麼樣的旅行，可以讓我改變這麼多？是怎麼樣的旅行，竟然可以讓我的人生更快樂？

我沉默了一下，然後開始回答這兩個問題。

前言　人生最完美的時刻，就是「現在」

不想做的人，會找到一萬個不去做的理由；
真心想做的人，會找出一個去實現的方法。

我們從小就被訓練為延遲夢想的高手。因為當我們想要談戀愛的時候，父母說等上了大學再說；當我們想結婚的時候，交往對象說等穩定後再說；當我們想環遊世界的時候，另一半說等退休了再說；當我們真的可以為自己做點事的時候，七爺八爺說等下輩子再說。等，究竟要等到什麼時候？

演員總是在別人的劇本裡，流著自己的淚。從國中到研究所，接著當兵、去工作，我活在導演（長輩、另一半、上司、同事、朋友）的建議和期望之中，像是一齣沒有廣告的連續劇。我們花了一輩子的時間力爭上游，卻在不知不覺中失去了初衷，那份最原始的感動。

幾年前，大伯的太太去世，大伯說他在整理東西時，發現了一條喀什米爾的名牌圍巾，那是他們去紐約旅遊的時候買的，連包裝都還沒拆開，想等一個特別的日子才用，講到這裡大伯眼眶泛紅，我也沒再問下去。

子。

大伯說，再也不要把好東西留到特別的日子才用，因為活著的每一天，都是特別的日子。

我們總是說，等我賺大錢了之後、等我成功了之後，有太多的藉口，讓我們與機會擦身而過。《型男飛行日誌》中，喬治克隆尼問了一個將被解僱的人：「在你剛起步的時候，到底是多少錢讓你放棄了你的夢想？」

不想做的人，會找到一萬個不去做的理由；真心想做的人，會找出一個去實現的方法。決定遞出辭呈的那一刻，我從演員變成了導演。辭職出國之初我就被許多人笑過，有人笑我是不會算機會成本的阿達，有人笑我是放棄年終的呆瓜，但是現在，有人稱我為「夢想家」。

這世上不變的就是變，沒有什麼是永遠，沒有人能保證明天會準時到來，等你吃完配菜，雞腿早已被別人換成滷蛋；等你存完錢，要買的東西已經絕版；等你博士歸來，女友已成了別人的另一半；等你發了財，可能子欲養而親不待。

生活、旅行、工作、戀愛，

人生最完美的時刻，就是「現在」。

最大的失敗是放棄，最大的敵人是自己。

—馬雲

1 最困難的問題，往往只需要最簡單的答案

我小時候就開始演戲，演過叛逆的國中生、徬徨的大學生、出社會的新鮮人。但是我說導演，今天可不可以先進段廣告？

天地會的密令

一個排滿業務會議的下午，有兩份公文要上簽，三份檢討報告要交，四個人也做不完。手機APP鈴聲響起，是Olivia，我交往六年的女朋友。

「晚上有要事商量，這是天地會的密令。」

當年向Olivia告白的時候，她說我像韋小寶一樣古靈精怪，讓她沒有安全感，除非我加入天地會，奉她為總舵主，否則免談。於是從此之後我成了白木堂的堂主，只要接到這密令，就算上刀山、下油鍋，也要準時赴約。

六年多來，我只接過兩次密令，一次是去當兵、一次是出差去上海。回APP時我沒有多問，下班後直奔忠孝東路。我的經驗告訴我：代誌大條了。

走進巷弄裡的咖啡廳，Olivia若有所思，面前的提拉米蘇一口也沒動。紫色的連身洋裝、粉紅色的唇蜜，像是我向她告白那天一樣。

我坐下，點了摩卡咖啡、墨西哥玉米餅。我們寒暄了幾句，用了三包代糖穩定情緒。

然後她看著我說：「我們去澳洲打工度假吧。」

一公升的眼淚

屈指一算，大學四年、研究所兩年、當兵一年，然後又工作了一年半，念書、盡國民義務、賺錢，這些天經地義的事情，像是導演為我寫好的劇本，我從來沒有去質疑過。

「你有沒有想過十年後的你會是怎麼樣子？」她說。

「當總經理，有自己的家庭，讓父母安享晚年。」我說。

「那你的夢想呢？」她微笑著望著我。

「看看這個世界，啟發身邊的人。」我看著窗外說。

「所以你想先完成哪一個？」她問。

「可是……第一，我是長子，要當弟弟的榜樣；第二，我要存錢買房子；第三，我必須努力打拚事業；第四……」我皺著眉頭說。

「記得電影《天外奇蹟》嗎？二〇五〇年，我們七十歲的時候，一起翻著過去的相簿，你想看見哪些相片？」Olivia打開皮夾拿出了一張我們在峇里島的合照。

我學過PMP、擅長風險管理，去與不去的優缺點我用決策工具統整歸納，新決定的利弊得失我用平衡記分卡檢視分析，當個朝九晚九的上班族，終日戰戰兢兢，圖的也不過就是「穩定」而已，而如今，要我拋下一切去澳洲，第一個鳴槍起義對抗朝廷的，就是跟隨我二十餘年的「價值觀」兄弟。

我的懦弱與焦慮戰勝了夢想與愛情，甚至軟硬兼施地試圖打消她去澳洲的念頭。於是，我們大吵。

她哭了。

回到初衷

我的人生面臨三個選項：

一、說服Olivia取消出國的念頭。

二、讓Olivia單身前往不可預知的澳大利亞。

三、辭職，一起去。

選項一行不通，因為男人不應該讓女人流淚。選項二可以，但六年的感情可能有百分之五十八的風險告吹，就算一年後我們繼續交往，以後也無法共同分享這段回憶。選項三可以創造共同回憶，但拿不到年終獎金，要想辦法說服爹娘，最壞的狀況是回來後一切從頭歸零。這不是在玩《無盡之劍》或《卒業旅行》，選錯了可以重來，掛點了可以下個輪迴繼續，我必須平心靜氣地問自己，到底什麼才是人生中最重要的東西。

我獨自閉上雙眼，回想我的初衷：

第一、看看這個世界是我的夢想。

第二、我愛Olivia，這點毋庸置疑。

選擇是人生的難題，人生是選擇的累積，選擇沒有鑑賞期，人生沒有保固期。只有把「心」回到最初，才能聽見自己的「聲」音。我緊握雙拳，指甲滲入了血肉裡，我哭，哭自己不中用，到現在還活在別人給的教條裡；我笑，笑自己終於清醒，願意扛下責任然後做出人生中第一個自己的決定。最困難的問題，往往只需要最簡單的答案。

電話裡，我先為自己的軟弱道歉，然後她笑了。

「親愛的，我們辭職吧！」我微笑著說。

老闆，謝謝照顧

我們花了好幾個週末討論整個計畫，當然有爭執、有妥協，但最重要的是，我們一起為相同的目標努力。

上網申請VISA、體檢的過程十分順利，收到電子簽證後，更增加了我們的信心。按照計畫辦好國際駕照和YHA（Youth Hostel Association）會員卡，下一步就是遞出辭職信。

面試我很拿手，但辭職卻不在我的舒適區。朋友A告訴我，不要呆呆地被公司扣錢，

該算的要記得算清；朋友B說這個月走不會有股票分紅，也拿不到年終獎金；朋友C提醒我，如果老闆慰留，不是因為你很行，而是公司要爭取些時間找人來取代你。我的死黨幸災樂禍，我的朋友隔岸觀火，我從自己的內心出發，重新為自己找出路。

面對鏡子，我演練了上百種辭職的語氣。最好的一次是我眼眶泛紅、語氣哽咽、真情流露，但天曉得當我看著老闆的臉時，還能不能說出這樣感人的話？

時機很重要。但是上兩季的業績一直掉，老闆關門的聲音越來越吵，再等下去，我看情況只會越來越糟。

快刀斬亂麻。於是我在錯的時間敲了門，在錯的地點說了他不想聽的話。

「老闆，謝謝你的照顧，我想要辭職。」我說。

「啥，你說什麼？辭職？」他拿下老花眼鏡說。

「我要去澳洲一年，實現我的夢想。」我回答。

「我在公司超過二十年，公司就是我的夢想，你才沒來多久就要辭職，將來怎麼做大事。」老闆激動地指著我說。

「老闆，我資質平庸，未曾替公司建過大功，但舉凡所交付的任務都能悉數完成、沒有延誤，晚上加班、臨時出差，我也從無二話，每一天工作，都是努力地在付出。如果您不嫌棄，一年之後，我……」我輕聲細語地說。

「付出？怎麼，公司沒給你錢嗎？一年後？你找不到工作也不要回來求我，仔細想清楚。」老闆鬆開脖子上的領帶說。能讓男人哽咽痛哭的，往往不是皮肉之苦，而是那受了有苦難言的委屈、有志難伸的錐心之痛。回想起剛進這部門的第一天，老闆要大家在我面前圍成一圈，大聲地說：「政達是個優秀的人才，有他加入之後，我們的部門就更有競爭力，希望以後大家一起為公司努力奮鬥！」幾個年紀相近的同事，還灌了我幾杯酒，大家好不熱鬧。隨著案子經驗增加，老闆的期望變高，讓我擔任帶領新人的工作，為了達成KPI、證明自己的能力，我不惜據理力爭、對人使用高標準。我像是馴獸師，手裡拿的是鞭子，一心想的就是不能辜負老闆對我的期許。

然而今非昔比，想起以前自己也是對別人這般毫不留情，這是我應得的報應。公司請我來就是要達成業績，不是來跟老闆稱兄道弟，怎奈自己一廂情願，原來是為他人做嫁衣。平時有求與你，話便說得動聽，如今喊出暫停，卻成了忘恩負義。或許這樣也好，因為少了離情依依，才讓我能真正狠下這條心。

拋下一切很困難，但下了決心就很簡單；遞出辭呈很困難，但說出口了就很簡單；這世上最困難的問題，往往只需要最簡單的答案。

就這樣，我抱著兩個大紙箱，走出了電梯。想起曹雪芹寫的：「為官的，家業凋零；富貴的，金銀散盡；有恩的，死裡逃生；無情的，分明報應；欠命的，命已還；欠淚的，淚已盡；冤冤相報自非輕，分離聚合皆前定。欲知命短問前生，老來富貴也真僥倖。看破的，遁入空門；癡迷的，枉送了性命。好一似食盡鳥投林，落了片白茫茫大地真乾淨！」

長大吧，林政達，這是一家公司，不是心靈成長營。

如夢初醒

我的情緒平復得很快，因我知道人不能活在過去，唯有誠實面對自己，才能知道上半場得分、失分的原因。我恍然大悟，體會出挫折背後的美意，原來人生重要的不只是有沒有攻頂，而是在這短短的數十個寒暑中，我有沒有用心地去感受每一個稍縱即逝的風景。

雖然在公司，我開除了自己；但是在人生，我當上了總經理。

2

人生任何值得做的決定，在做的當下心裡都是猶豫的

下了一個決心，就要去問、去學、去做。
不要只是在家玩COD、坐在電腦前感嘆時運不濟。
重要的不是我們處在什麼地方，而是我們正往哪個方向前進。

購物清單

「親愛的，我們是去澳洲，不是去非洲耶！」我看著購物清單說。「什麼？你再說一遍看看！」Olivia摩拳擦掌地說。我們互相看著對方，然後笑了起來。

不過說實在的，要買的東西還真不少，行李箱、登山鞋、背包；睡袋、轉接頭、遮陽帽；太陽眼鏡、UV防曬衣、GORE-TEX外套；單眼相機、iPod Touch、針線包；小鎖頭、急救藥品、藍綠藻。然後出國前，再去買旅行支票、暫停全民健保，帶了文房四寶和台灣的風景明信片，我們要做好國民外交。

有形的東西可以買，無形的只能靠自己。東西越買越齊，心就越難平靜，難道這就是所謂的：打工度假後天免疫缺乏症候群？

實現夢想，需要的不是機率統計，不是SWOT分析，有時候，需要的只是那股傻勁。上網google、問別人意見，這些熱身動作很重要，但最重要的是熱完身要起跑，而不是做做體操，然後回休息室洗澡。

所以，Olivia在購物清單的最後寫著：「決心。」

下了一個決心，就要去問、去學、去做，不要老是想著如何抄捷徑，和兩個人有關的事都需要經營，如果還沒有盡人事，就沒有資格聽天命。

將計就計

萬事俱備，只欠機票，而機票的價格反應了市場供需的不平衡，航空公司的運作方式非常奇妙。要省錢就不能用原價去買，便宜的機票又老是Sold Out，我說老天爺，可不可以不要跟我開這個玩笑？

「你看看，我找到了！」Olivia高興地說。

「找到什麼？」我轉過頭去看。

「一張機票玩兩國啊！很多人利用新加坡轉機的時候，『順便』把新加坡玩一遍，不是很棒嗎？」

「我們沒有要去新加坡啊？」我問。

「沒錯，所以……」她側著頭笑著說。

「所以……？」我眉間微蹙。

「所以到澳洲的機票如果不好訂，我們可以先去紐西蘭玩啊！」她開心地說。

「原來如此！」我點頭。

於是，我們分析了先去紐西蘭的可行性，缺點是：

一、旅費增加。

二、趕不上雪梨跨年。

三、趕不上櫻桃採收季。

好處是：

一、適應新的飲食習慣。

二、看看紐西蘭的風景。

三、打聽澳洲工作的消息。

討論之後，我們一致認為這個計畫可行。打算先用二個月的時間環紐西蘭北島、南島，再用一年的時間去澳洲工作度假，長達四百二十五天的自助旅行，就這樣展開了序曲。

靈魂的船長

紐西蘭位處南半球，分南、北兩大島，面積為台灣的七倍半，四季剛好與北半球的台灣相反。因為大學時期曾騎車環島，給了我們很棒的回憶，那時從東海岸出發順時針繞台灣一圈，回來後，皮膚黑了，心變紅了，所以我們也希望用環島的方式來旅行紐西蘭。

Olivia拿出一張海報紙，攤開在地板上，標記上台灣、紐西蘭和澳洲的各大城市。「從台北出發，飛到奧克蘭，再飛基督城……」、「這個節慶不能錯過」、「要坐巴士還是租車？」、「要不要先預定住宿？」、「我們的預算是多少？」，快樂的時光過得特別快，房間裡的咖啡，飄香到凌晨三點半。

張開眼睛的時候，我趴在沙發上。地板的海報上面，放著一艘用紙折的船，上面放著小熊維尼和喬巴，船前面的海上寫著：夢想航道。我拿起一件棉被為Olivia蓋上，看到這艘小船，笑她童心未泯。

這世界上只有一個人可以成為我們命運的統帥，也只有一個人可以成為我們靈魂的船長，這個人，正是我們自己。

當了自己人生的導演，不代表從此天下太平，可以睡覺睡到自然醒，新的事物有新的挑戰，還要獨自扛下票房壓力。理想與現實的拉扯，讓自主的生活上演著狀況劇，然而重要的不是我們處在什麼地方，而是我們正往哪個方向前進。

2 人生任何值得做的決定，在做的當下心裡都是猶豫的

禮輕情重

計畫漸入佳境，機票天降甘霖，我們總算在黑暗中，看見了一道晨曦。打包行李不是問題，問題是如何才能不超過二十公斤？這哪像是去度假，我根本就是難民。

但朋友就是窩心，會在這個時候出現約我去吃王品。Kevin、Howard是大學死黨，我們曾經自詡為剽悍的三國武將，現在一個當了爸、一個還在採花。

「沒有你，我們怎麼辦？」Kevin說。

「現在是怎樣，要哭了是不是？」我切著牛排說。

「男兒志在四方，我們很羨慕你有勇氣拋下一切。只是外面的世界風風雨雨，這是給你的七五〇G硬碟一顆，裡面有我們對你的一些心意。」Howard說。

「看你們笑成這樣，我看啊……」我指著他們說。

「來，乾杯！乾杯！」Kevin和Howard看著我笑著說。

獲得快樂的要素之一，就是真心的友誼。手機通訊錄很長，四千九百九十九好友在FB，哪些人才算是知己？當命運的交響曲開始高歌，友情通常都會開始缺席。

以勢交友，勢傾則絕；以利交友，利窮則散。我因為先擇而後交，所以朋友很少，一般人先交而後擇，所以常陷入左右為難的窘境。

人若沒有朋友，猶如地球上沒有太陽，我能在人生中擁有兩個大太陽，何其有幸！

台北的夜景

在起跑線測不出熱情的深度：開始很簡單，完成很困難。我們點了羊肉爐，在離開台北的前一晚。

「我第一次覺得台北這麼美。」Olivia說。

「被妳這麼一提，眼前這片繁華的美景，的確有種浪漫的氣息。」我喝了一口台啤。

「你說，如果有一天我們吵架了，你會不會丟下我，一個人回台灣？」

「不會的，兩個人去，就是要兩個人回來。先睡吧，明天一大早的飛機。」

「如果我們回來，找不到工作怎麼辦？」她問我。

我走向陽台。答案，我不知道。我只知道，人生任何值得做的決定，在做的當下心裡都是猶豫的，因為若是很確定，就代表沒風險，沒風險，賭起來就不刺激，回想起來就不有趣。人生苦短，應把握當下。唐伯虎的〈一世歌〉是這麼寫的：

人生七十古來稀，前除幼年後除老。
中間光景不多時，又有炎霜與煩惱。
過了中秋月不明，過了清明花不好。
花前月下且高歌，急須滿把金樽倒。
世上錢多賺不盡，朝裡官多做不了。
官大錢多心轉憂，落得自家頭白早。
春夏秋冬撚指間，鐘送黃昏雞報曉。
請君細點眼前人，一年一度埋荒草。
草裡高低多少墳，一年一半無人掃。

未來有很多不確定，不確定會讓人憂慮。憂慮就像是一把搖椅，它讓我們有事可做，卻無法讓我們前進。我雖然不是先知、也不是孔明，但我知道人生就像是一張單程機票，無回，無悔。

3 我們都是凡人，只有在失去後才懂得珍惜

這裡沒有木瓜牛奶、洗碗後要用布擦乾，
沒有自己的大床、室友們的流汗不算浪漫。
沒有老爹叮嚀，才開車上路就吃了中指大餐，
親自下廚後，才想起媽媽的可愛。

文化衝擊

二〇〇九年十一月二十六日早上十一點二十五分，我們在奧克蘭降落。下了機場巴士，要先把行李推上三十八度的斜坡，ＹＨＡ，我們在紐西蘭的第一個家。

Check In的手續比想像中容易，但要把行李搬上三樓可就讓我心有餘悸，青年旅館重要的就是便宜，而不是有沒有電梯，所以進房第一件事不是歡呼，而是先拿出擦汗的毛巾。四人房是樂透的縮影，不知道今天會開出幾顆星，我們第一個室友是歐洲人，他沾滿泥土的鞋子向我們表示歡迎，第二個室友不在，但丟在床邊的溼球衣，用味道展現了他的誠意。

「一起出去走走吧！」我們互相看著對方有默契地說。先到天空塔（Sky Tower），再去女王街（Queen St.）。看看嶄新的建築，地方特色的餐廳，也許是節慶快到了，處處都是歡樂的耶誕氣息。逛逛美術館、到超市撿撿便宜，新鮮的生菜與酪梨、美味的大草莓加上蜂蜜，只要吃過一次，絕對魂牽夢縈。

回到YHA煮晚餐，熱鬧的廚房像是反攻諾曼第，大家語言不同，料理是我們的翻譯機，用完餐洗完餐具，不習慣的是要擦乾，而不是放在水槽隔壁。洗完澡去交誼廳看看電影，去陽台用英語打打屁，只要記得微笑，大家就不會把你當作全民公敵。

特級廚師

沒有設定鬧鐘的隔天，我們睡到自然醒。根據佛洛依德夢的解析，我今天可能會有豔遇，YHA的廚房有一個區域寫著Free，意思是說只要放在這裡的食物，一概免費讓人拿取，好運的話還有牛奶，但要注意有沒有過期，所以如果哪一天你要離開，沒吃完的食物不要浪費，記得放在這裡。我上輩子是兩津勘吉，精打細算如果可以考證照，我一定是甲級。

歐洲室友說今天奧克蘭領地有活動，可以順便去逛逛紐西蘭最大的博物館，一路上美景與教堂相伴，與朋友談天說地，時而康莊大道，時而清幽小徑，人潮越來越多，我們幸運地來到可口可樂辦的耶誕Party。外國的情侶開放，我的眼睛吃了不少冰淇淋，有人帶帳篷，有人坐搖椅，唱唱跳跳很High，免費的可樂畫龍點睛。

滿足地回到家，Olivia展現特級廚師的手藝，看她揮汗如雨，我只能遞遞毛巾，離開了台灣，才會思念媽媽的叮嚀，油鍋滋滋作響，丹麥的朋友也加入戰局，義式海鮮麵和紐式厚切牛排，今晚要吃哪一道，兜激？飢餓就是最好的調味料，會廚藝的女人最美麗，等一下餐盤我來洗，睡前幫妳馬殺雞。

一路向北

為了要環島，所以我們決定租車。為了節省經費，貨比五家之外，還要指定一千五百cc的小車。在奧克蘭租，到威靈頓還，租兩個星期，每天四十七紐幣（匯率一：二十四，約一千一百二十八新台幣）。

紐西蘭車輛採左側通行，和台灣相反。還搞不清楚狀況的我剛坐上駕駛座，遇到第一個轉彎，因為沒有先切到內車道，馬上被後面的駕駛狂按喇叭，超車之後還搖下車窗，送了我一個中指大餐。走出了老爸的翅膀，我上了震撼教育，犯錯讓人成長，開車就要小心。

這台車很可愛，寶藍色，座位舒適，行李箱的大小剛好可以容納我們的行李。加速時還能有貼背感，就差沒裝推進器而已。

告別了朋友，前往第一個目的地：紐西蘭最北端的倫加角（Cape Reinga）。悠美的風景，聽著Eagles的CD，延綿的天空，我輕輕哼著歌曲。來到加油站，這裡都是自己服務自己，自己開油箱蓋，自己加油，然後到商店裡面，告訴店員你的車子停在第幾號車道，就可以付帳了，每個車道都有裝設錄影機，所以不要想打加霸王油的主意。

一邊打電話找住宿的地方，Hotel不是太貴，就是No Vacancy，天色漸漸變暗，心裡開始著急，這裡有街燈，但沒看見警察局。既然有車、有睡袋，B計畫就是睡在車裡，我們的確有點害怕，所以一邊牽著手，一邊呼叫觀世音，慶幸的是眼前繁星遍布，美得像是時間暫停。

不浪漫的浪漫

就這樣一邊開車，一邊融入當地生活，餓了就找超市，累了就在路邊休息，如果參加黃金傳說，我想一定會入選SP。車子是交通工具，也是會移動的家，地板不用清洗，牆壁不需粉刷，白天用礦泉水洗頭，晚上到洗手間刷牙。

三餐吃得很簡單。早上吃蘋果、花生巧克力三明治，

中午吃TimTam巧克力、鮪魚生菜三明治，晚上吃甜椒、蕃茄火腿三明治。環遊北島十四天共四十二餐，我們有三十四餐是吃吐司，六餐吃法國麵包，二餐吃當地餐廳。

超市裡只要是可以夾三明治的罐頭，我們都至少吃過一輪，從沙丁魚到醃黃瓜、從雞胸到漢堡肉。Olivia有過人的天分，能記住超市貨架的擺設，能背出上個月物品特賣的價格。特價的，就多買；便宜的，就多吃。

因為省去了住宿搬進搬出的時間限制，我們得以感受悠閒、在任何浪漫的地方享用餐點。我們會到湖畔，坐在草地上品嘗布丁，會在面向南太平洋的海邊，傾聽海鷗的四言絕句。置身夜晚的星空下，欣賞南十字星的催眠曲，沒有舒適的大床、沒有天王代言的按摩椅，睡覺雖然不能翻身，但是我們甘之如飴，車上沒有一○○M的寬頻，但是可以培養革命感情。

美麗的誤會

我們來紐西蘭之前，也去過一些國家，對於美景的標準不算太低，但如今親眼見到這麼多壯麗的美景，仍讓我們驚訝地張大了嘴，讚嘆大自然鬼斧神工的神奇。

一路向北都是海景，旺阿雷（Whangarei）的瀑布，派西亞（Paihia）的度假區。為了找到《寂寞星球》（*Lonely Planet*）上說的神祕海灘，我們迷了路還衝進別人家裡，後來被地主大罵，Olivia和我笑笑地說Sorry。皇天不負苦心人，我們找到了書上說的神祕海灘，細緻的白沙，有退潮時留下的洋菜，撿不完的貝殼，而且，只有我們兩個人。

後來有個爸爸帶著兩個小妹妹來撿寶物，那位爸爸說這裡是天然的生鮮超市。當我們拍拍身上的白沙，要回程之際，一台吉普車停在我們旁邊，一對美國夫婦從車上走下來，「終於找到了！」男生興奮地說。我們過去打招呼，才發現他們也是看了《寂寞星球》介紹，對這裡有點好奇。這裡沒有地名、書上沒有照片，只是因為一段簡短的文字，我們四個人就在這裡奇遇，我說剛剛來的時候找不到路，還挨了一頓罵，這對美國夫婦看著我們大笑說：「你在開玩笑吧！我們也是耶！」我們笑成了一團。

一段綿延的山路後，我練成了藤原拓海的絕技，站在紐西蘭的最北角，眺望一望無際的塔斯曼海（Tasman Sea）讓人心曠神怡，全長一〇〇公里的九十哩海灘（Ninety Mile Beach），可以享受從沙丘頂端下滑的樂趣。

紐西蘭的第一站已經讓我們驚喜連連，讓我們失心瘋地拍了上百張照片，我吃著三明治，卻像四十盎司的牛排一樣美味。

玩著玩著忘記了時間。下山後到了一個小鎮，已經將近十一點，聽到遠方年輕人飆車的吼叫聲，覺得睡這裡有點不安全。繞著繞著，看見了一間二十四小時營業的速食店，權衡之下，這裡至少有電燈、有店員，所以我們停在停車場的一個角落，告訴自己這是天將降大任於斯人也。

好不容易入睡，我們卻被敲窗戶的聲音驚醒。「Excuse me!」對方說。第一時間我真的有點害怕，因為敲門的是一個女警，手上拿著CSI的手電筒，另一個警察是男生，一隻手放在腰間的手槍上，穿著防彈背心。我緊張地舉起雙手，像是好萊塢的電影。搖下車窗後，溫柔的女警要我拿出護照、駕照，Olivia小聲地用中文問我今天是不是愚人節？電視台攝影機藏在哪裡？

「你幾點來這裡的？」女警問。

「大約是十一點左右，請問，這裡是不是不能過夜？」我顫抖地說。

「先生，我們很歡迎你在這過夜，但是因為你的車正好停在這家速食店的倉庫旁邊，而這個倉庫的門今晚被別人打開了，裡面損失了一些東西。」女警說。

「警察先生，我們絕不是犯人，你可以檢查車子、行李，我們下午從倫加角過來，是來旅行的。」我誠摯地說。後來警察看了車內的狀況，證明了我們的清白。

「Have a good night, you two.」女警有禮貌地說，然後回到警車上。

「怎麼辦？要不要換地方睡？」我問。

「如果現在走，不就代表我們做賊心虛。」Olivia義正辭嚴地說。「我說啊，他們一定沒看過柯南，你看那道鐵門，沒有撬開的痕跡，我們也沒聽到噪音，很明顯是有鑰匙的人打開的，而且犯人利用車子當掩蔽，想要嫁禍給我們，推測這個犯人聰明而且深謀遠慮，要說誰的嫌疑最大？我猜是店裡的經理。」她得意地說。

「那妳剛剛怎麼不早講。」我驚訝地問她。

「你想想看，萬一警察跟經理是一夥的，這一開口，輕則帶進警局，重則遣返出境，在弄清狀況之前，怎麼能不小心？」Olivia皺著眉頭說。

「說得對！說得對！總舵主英明。」我狂點頭。

後來，我們聊了很久才入睡。早上的時候，點了一個火腿蛋堡，在店裡看他們盤點倉庫，看看到底是不見了什麼重要的東西？

「哎呀，昨天忘記跟警察合照了。」我說。

談起這段往事，我們就會笑上半天。

出門在外，凡事要冷靜。

—Olivia

4 每個人都會按快門，但不是每個人都有好奇心

逛不完的超市、摸不透的地圖，壯觀的火山岩、熱鬧的陶波湖。一點點好奇心，把愛情帶上路，每一個小鎮，都像一本故事書。

熱泉沙灘

回到一號公路，往科羅曼德爾半島（Coromandel Peninsula）方向前進。寧靜的泰晤士（Thames），曾經是興盛的掏金小鎮，面對碧綠的海岸線，隨手按下快門，就是一張明信片般的風景。

把車停在大樹下，搖下窗戶，聽聽海浪的交響曲，這裡有車不稀奇，因為岸邊停滿了游艇，順著海岸往東，來到了熱泉沙灘（Hot Water Beach）。這個海灘很特別，我們到的時候，看到大人、小孩拿鏟子在沙灘上挖來挖去，小孩們驚聲尖叫，女孩們做日光浴，看見一對老夫婦也在挖，我們滿心好奇、打了聲招呼然後走過去。

「請問這下面是不是有寶物？」我好奇地問。

「哈哈，年輕人，我們不是在找寶物，我們在挖溫泉。」老爺爺笑著說。

「原來如此，那讓我們加入吧！」Olivia說。

「歡迎！歡迎！」老太太說。

不久，離我們不遠的孩子大叫著：「我挖到了！我挖到了！」看到沙裡冒出了陣陣的熱氣，看來這下面真的有溫泉，於是我們拚命地挖，忽然老爺爺說：「有了！有熱水了。」我用手去摸，果然有超燙的水從沙裡冒出來，這真是太神奇了。因為水很燙，所以要拿桶子裝海水回來「調溫」，於是我們泡著溫泉，欣賞碧海藍天的風景。後來有一對美國情侶加入，我們六個人從瑞士巧克力，聊到台北一〇一。

驚見富士山

離開了海邊，出發到懷特莫（Waitomo）看藍光螢火蟲，成人的門票是三十九紐幣，約九百四十新台幣。搭乘的小船靠著繩索牽引，沒有引擎的噪音，因為螢火蟲的幼蟲對光線與聲音極為敏感，所以每個人都是凝神屏氣，看著藍白色的光芒，覆蓋洞頂的壯觀景象，讓人如癡如醉。

順著三號公路前進，塔拉納基山（Mt. Taranaki）的山頂白雪皚皚，像極了日本的富士山，選了一條輕鬆的健行路線，我們享受大自然的芬多精。

前往紐西蘭裡唯一的共和國，遇上了綿羊過馬路，這時，雙向的車子都要停下來，農場的主人會帶著牧羊犬把羊群趕到另一頭，然後等羊群走過去了，主人會在路邊揮手向駕駛人的耐心表示謝意。Olivia和我，都是頭一次看到這樣有趣的景象。

到了共和國，我們拿出三明治要吃飯，看到路邊兩個女生一個在哭、一個在安慰對方，我們走過去關心，才知道她們在前面的山路剎車不及，把車開進了山崖裡，兩個人福大命大從車裡爬出來，遇見當地人才把她們載來這裡打電話求救。她們來自德國，說等保險公司來要好幾個鐘頭，不知道接下來該怎麼辦。

「還好妳們沒受傷！」我說。

「對啊，都是老天保佑。」一個女孩說。

「剛剛真的很可怕。」另一個女孩擦著眼淚說。

我和Olivia替她們打氣，給了她們一些水果和巧克力。看兩個人的心情轉好，我們給她們祝福然後繼續前進。記得，在國外開車真的要小心，可以的話，最好也要買保險，不要讓一個意外，毀了重要的假期。

火山上的雪人

萬里無雲的天氣，最適合拿來曬睡袋。我負責翻面，Olivia負責和黑天鵝應酬交際，今天買了草莓果醬，胃才沒有絕食抗議。

來到北島最高的魯阿佩夫山（Mt. Ruapahu，二千七百九十七公尺），這裡的冰河及火山歷經數萬年，刻劃出雄偉的自然奇景，望著車窗外的火山岩，我們像在看Discovery，他

們說這裡冬天可以滑雪，但要坐纜車才能上山頂。興奮地買了票，但我的腳像是小兒痲痺，我的媽呀，你們的護網在哪裡？

「什麼？才到一半？」我大叫。「雪還在上面呢！」Olivia拉著我說。我除了怕吃榴槤，第二就是會怕高，別人坐纜車還可以邊拍照，我雙腳發抖瞇著眼睛像在坐牢。

「到了！到了！」Olivia說。

「哇！前方的雲和我平行，山下的餐廳小得像隻螞蟻。」我吃驚地說。

「雪就在前面！再走幾步就到了！」Olivia指著前方說。

到了山頂，大家在玩滑冰，就是把自己裝進一個大塑膠袋，然後從上面滑下去，誰滑得最遠誰就是冠軍。旁邊一個加拿大男孩找我定孤支，問我是不是李小龍的後代，Olivia在堆雪人，我忙著拆東亞病夫的招牌，歡樂聲不絕於耳，我們都變成了小孩。

打開好奇心

每個人都會按快門，但不是每個人都有好奇心。從小的教育環境訓練我們寫好考卷，而不是思考問題，像是巴卜洛夫（Ivan Pavlov）的實驗，沒聽到響鈴，我們就沒有動力。

拍些照片很重要，但更重要的是照片中故事的劇情。按按快門，填滿了一些記憶體，充其量也只是相片，不是回憶。有了好奇心，我們才會與人互動、主動出擊。主動出擊，就會產生故事，就會寫下記憶。光圈和快門都應該發生在故事之後，而不是在故事之前離得老遠、置身事外，希望利用光影構圖填滿笑容的空虛。

我們不怕弄髒雙手、不怕人心隔著肚皮。看到新奇的事，我們一定想盡辦法與人互動，聽聽別人的用心。所以我們可以在河邊吃早餐的時候，認識一位兒子娶了台灣媳婦，在師大夜市開漢堡店的爺爺；可以在陶波湖（Lake Taupo）認識一對十八歲的德國情侶；可以在挖沙之餘，聽聽瑞士老夫婦的人生道理。

所以旅遊達人Janet說：「旅行的關鍵就是人與人之間的互動。」也是相同的原因。對我和Olivia來說，我們不是那麼在乎一張照片光圈是不是二．〇，快門是不是一／三〇，而是當我們看著同一張相片時，是不是會心有靈犀。而是否能心有靈犀，關鍵就在於生活的當下，我們有沒有打開好奇心。

門可羅雀的威靈頓

到達威靈頓的那天，剛好是耶誕節。趁著明天還車之前，還可以去逛逛國會，看看梅西大學（Massey University）。於是我們先到超市買了烤雞（九．五紐幣）、香檳（四．九紐幣）、生菜沙拉（二．三紐幣），然後找到一個漂亮的湖邊，慶祝聖誕節。吃了十四天吐司之後，這鮮嫩多汁的雞腿讓我們幾乎同時感動得流下了眼淚。

威靈頓的特色就是強風，而強風讓我想起了新竹。或許是大家都趁著假期出遊，所以路上的行人稀疏，這城市安靜得就像是感染了惡靈古堡裡的第七號病毒。

看著地圖，順著地址，不知不覺就到了下一個落腳處：WORLDWIDE B&B（Bed & Breakfast），老闆留著落腮鬍，笑著向我們打招呼，我們揮手回禮，卻沒能體會出這笑容背後的祝福。

5 有時候，認真，你就輸了

住在八人房的B&B，我七個室友都是青春年華的少女。
一個睡覺不穿睡衣，一個做夢會呻吟。
天殺的！到底是誰，把酒瓶放在我的麥片裡？

回到青春期

B&B顧名思義就是過夜加早餐（牛奶、麥片、吐司、果醬限量供應）。還了車之後，我們打算從二〇〇九年十二月二十六日住到二〇一〇年一月二日，一共七天，參加威靈頓跨年晚會。有些住宿的地方會用特殊假日來哄抬價格，所以千萬記得要提早打電話預訂，不要到現場才跟他拚運氣。

拿了鑰匙，到了我們的房間。有窗戶、有陽光，而且很安靜，雖然這麼小的地方要睡八個人，但比起睡駕駛座，這已經好太多了。我睡上鋪，Olivia睡下鋪，安置好行李，去熟悉一下環境。外面的火爐可以ＢＢＱ，走廊的太空椅可以看書，這是一個很寧靜的地方（後來才知道大部分的人宿醉都睡到下午，所以當然很安靜）。

先到超市補貨，再去蒂帕帕博物館（Te Papa Museum）散散心。規劃行程，千萬不要只用自己過去的經驗做判斷，當初規劃到威靈頓跨年，是想說以台灣的經驗來看，跨年晚會應該會辦在首都，但是當我們走在街上，才發現不是那麼一回事。

回到Ｂ＆Ｂ，看到開始有人走來走去。打招呼、聊天之後，發現這裡百分之八十是德國人，百分之二十來自法國、西班牙、阿根廷等，而且，所有人的平均年齡，只有十九歲。

我們是在紐西蘭旅遊，再去澳洲打工度假，這些德國青年則是在紐西蘭打工度假，再到澳洲旅遊。

「你們怎麼不想去其他歐洲國家呢？」我問。

「英國、法國、北歐、義大利都太近了，沒有旅行的感覺。」一個

留著鬍子的德國青年說。

「那你們不用念大學嗎？」我問。

「我們都是十八歲一畢業，就出來看看世界，一邊玩一邊尋找人生方向。」這個青年走去冰箱拿出了啤酒喝著說。（後來在澳洲遇到一個當老師的德國人，求證之後，原來德國青年十八歲畢業後，有學校念的就會留在國內繼續升學，還沒定志向的就會出國看看，從半年到兩年不等，大部分的人會用這段時間到處學習、到處看看。）

雲端伺服器

但我看這些青春期的男生，不是夜夜笙歌就是啤酒喝個不停，和我印象中實事求是的德國文化有些落差，有些人很懂事，但大部分的人就讓我○X△。

第一、下午五點之後就會有Party，晚上九點會演《歌劇魅影》，十一點準時開演《步步驚心》，凌晨二點更精彩，直播團圓大結局。（慶幸的是我們的房間比較後面，聽不到太多旁白的配音，所以這房間只要有人離開，就有很多出淤泥而不染的女孩想要搬進來。）

第二、早上廚房的酒瓶可以從這裡排到中壢。酒不算便宜，這種喝法我看羅伯特・清崎也看不下去。而且這是有人打掃過的樣子，打掃之前豈不是上演《搶救雷恩大兵》？（如果我在這開回收站，應該可以賺不少錢。）

第三、醉前醉後鬼靈精。有一次去烤吐司，我把麥片放在客廳，回來發現有人給我插了一個酒瓶。四周都沒有人，我只能三條線傻笑在原地，Olivia看到後狂笑，衝去拿單眼相機。另一次是看電視，一個男生喝著酒（當水在喝），問我們有沒有發生親密關係？我笑了笑（外國人真開放），Olivia的臉色慘綠，我用中文問候他列祖列宗，才沒讓Olivia變身為火影。

另外，法國是個危險的地方，不要讓你的女友單獨過去。為了表示友好，我們都會禮貌地問：「請問你來自哪裡？」有一次問到一個法國男生，二話不說，「緔啾！」當著我的面，和Olivia臉頰貼臉頰（還左右各貼一次）。我跟臉紅的Olivia說，下次法國人我來問候就好，妳不要靠得太近。

還好，人間最後的一塊淨土在我房裡。除了Olivia睡我下鋪，其他六個德國少女晚上不是看書，就是寫寫日記。我上輩子燒了好香，每天晚上都要升旗。雖然年近而立之年，腦海中卻是角色扮演。所以睡覺前，我都會連線到伺服器，前往雲端的樂園。

女強人&起司火鍋

德國女生很獨立，可以從很多地方看出來。她們早上會揉麵包，自己用烤箱烤。吃完飯會收拾，不會丟在客廳。貼身衣物當天洗，借了東西會放回去。一個德國男生說：「在家裡，媽媽和姊姊規定他要坐著上小號。」（所以他為了叛逆，會偷偷在洗手台尿尿），甚至連舉辦派對，也是女生出主意。

「明天就是三十一日了，我們要辦跨年派對，有沒有人要參加，一人先收十紐幣，多退少補。」一個德國女孩用俐落的聲音說。

「我」、「我要」、「我也加入」，許多人異口同聲地說。「你們要不要參加？」她看著我們說。Olivia看著我點了點頭，身為這裡唯二的亞洲人，當然不能錯過，於是我掏出了二十塊錢，放在桌上。這個金髮碧眼女孩開始分配任務、調兵遣將、威風凜凜，彷彿深諳《孫子兵法》、精通《武穆遺書》。

利用下午的悠閒時光，我們乘著紅色典雅的威靈頓電纜車，來到標高一百二十二公尺的卡爾本車站（Kelburn Station），俯瞰威靈頓市區與尼可遜灣（Port Nicholson）的絢麗景色，再到植物園欣賞香氣襲人的玫瑰芬芳、爭妍奪麗的秋海棠，可愛的金黃色波斯貓，是伊莉莎白的珍藏。

隔天，採買組買了食材回來。我們的主菜是拉砲（真有氣氛）、起司火鍋（Cheese Fondue）與白酒（外國朋友餐餐必備）。

我負責切法國麵包，當下運起六脈神劍心法，施展「小無相功」，這一出手悅目之極，德國朋友們連忙拍手叫好。Olivia不讓我專美於前，立即施展左右互搏之術提氣縱前，左手一招「風捲殘雲」，右手使出「斗轉星移」，桌上的起司騰空而起，將六脈神劍的內力盡數卸在其上，接著反手一記「摧心掌」，起司碎成了黃沙，旁觀的人縱然非武林中人，卻也知此人內功了得，非同小可。

等到滾燙的起司開始冒泡，再用叉子將切塊的法國麵包放進去旋轉兩秒鐘，就可以享用美味的料理了（怕吃別人口水的人勿試）。若是覺得起司稍鹹，可以喝一些白酒加以中和、紓解。果然，酒酣耳熱之後，這些熱愛戲劇的年青人，又開始排演起《慾望城市》中浪漫的情節。

原來要學會不認真，竟然和要學會認真一樣困難。多虧了這些貴人，讓我們學會了一笑置之的本事。

新年快樂

住久了，很多事就見怪不怪。有時候，會看見有人從窗戶爬進來，有生面孔借用洗手台。問了室友Nina，她說廚房窗戶外面有個空地，有十來個人在外面搭帳篷，需要的時候才進來煮飯、洗澡。「所以他們沒繳房租？」我問。「這我不清楚，但聽說他們曾在這裡面住了一段時間，後來沒工作，為了省錢，就自力救濟，住在外面。」她說。

跨年那天，我們到市民廣場參加跨年晚會，有煙火、有表演，比想像中熱鬧。為了彌補先前的遺憾，我們還去和巡邏的警察拍照。美中不足的是，明明畫面就開始跨年倒數，主持人竟然硬生生地慢了好幾秒（這是什麼情況？）。紐西蘭的街道上不能喝酒，所以花樣少年少女在B&B裡喝得天花亂墜、神魂顛倒。

新的一年，我們說說笑笑。和阿根廷朋友吃早餐，上網檢查紐航機票。即將離開這令人又愛又恨而且充滿回憶的地方，最不捨的就是我夢中的帝寶。

坐上機場巴士，我們要前往機場，飛向南島。

6 要成長，就要跨出舒適區

在深山裡，石階對石菩薩長嘆：為何你被萬人膜拜，我卻被萬人踐踏？
石菩薩說：你只挨兩刀而成石階，我卻是千斧萬鑿才成菩薩身。
過程不同，結果自然不同。

友善的城市

國內線的航班，是有螺旋槳的小飛機。因為飛機小，所以不用登機門，不走登機門，我們得以散步在停機坪，和紐航五〇三五班機合照。

好的開始是成功的一半。剛下飛機，Olivia看到夾娃娃機（裡面都是巧克力），問我有沒有零錢，我摸摸口袋，發現一個二元硬幣。開始的音樂響起，靠著精準的判斷和愛吃的動機（還有一點犯規的小技巧），這一夾得到了三個巧克力。

「哇！你太強了。」我驚訝地說。

「還好啦！這小時候在西門町很流行。」她說。

「那再夾一次吧！」我說。

「剛剛可以抓三個，是因為前面的人為我鋪路，接下來，就沒有這麼好運了。」

基督城是南島第一大城，有「花園城市」之稱，是個友善的城市。我們回到ＹＨＡ的懷抱，到超市買了披薩餅皮、火腿、蕃茄、鳳梨，準備晚上的披薩大餐（ＹＨＡ有烤箱、烤盤供使用）。在食材上貼上貼紙，寫上房號、姓名（以免有人拿錯），統一放在購物袋，再放到冰箱裡。

這裡的交通很方便，也是我們很喜歡這裡的原因之一，有市公車、路面電車，還有免費的循環巴士（佛心來著）。步行到市中心，自一八六四年興建，費時四十年才竣工的大教堂，美輪美奐的彩繪玻璃，襯托出內部莊嚴肅穆的高貴氣氛。可以到維多利亞廣場（Victoria Square）聽聽音樂會、到碧草如茵的亞芳河（Avon River）搭乘平底船享受威尼斯般的浪漫，也可以去肯特貝里博物館欣賞毛利文化和恐鳥蛋，或到廣闊的植物園欣賞二五〇種以上的玫瑰芬芳、逛逛假日市集，享受美食、工藝品與街頭藝人的表演。

我們經常在ＹＨＡ做好便當，再到亞芳河畔野餐，那段日子，就像是做夢一般。吃完飯我們會去散步、拍照，到圖書館用免費網路看看新聞、印印資料，下午搭免費公車到超市撿撿便宜、打打牙祭，晚上再回到YHA和朋友Party，我如果退休，一定要來這裡。

當然，如果有夜市的話，那就一〇〇分了。

孟母三遷

我們的經驗是，YHA的氣氛穩重，B&B的風格隨性。這裡的人都很自律，而且晚上十點過後很安靜。我們認識了許多很好相處的人，有風趣的TS、害羞的Daniela和退休的丹麥教授老爹，與他們相處的晚餐時光，總是讓我們聽到不同文化的有趣故事。樂於付出，讓我們得到更多。有幾天，我們愛上自製披薩，喜歡邀請室友品嘗，TS就會去買紅酒、Daniela會為我們做羅宋湯，因為送人玫瑰，自己手上也會有花香，而且，因為親切的打招呼，所以我的室友離開時，還送了我一雙球鞋（後來成為到澳洲農場工作的好幫手）。

過了七天很愜意的生活，我們知道該前進了。石階梯與石菩薩的故事，告訴我們不能

貪圖一時的安逸。要成長，就要學習、要努力、要勇敢跨出舒適區。就這樣，我們頂著大太陽搬家到基督城的郊區，一個復合式的B&B。紐西蘭夏天天黑得很晚，晚上八點還是晴空萬里。

在新的家我們煮了海鮮燉飯，在Free的區域發現一些免費的二手衣（後來農場工作的好夥伴）、一個破舊但堪用的行李袋（兩人用來環遊南島剛剛好，後來離開紐西蘭，也將它留在Free區，把愛傳承下去），我們很感謝這些旅途中的貴人。

緣分很奇妙，我們到市區打公共電話確認租車的時間，遇到了一個來紐西蘭自行車環島的台灣人Sam。他說現在住的地方比較便宜，是一個台灣人開的民宿，一天只要十五紐幣，可能是為了省錢、也可能是Sam很親切，所以，我們又搬了一次家。

正反兩面

民宿主人E是個年近不惑、未婚的台灣女生，平常在旅行社上班。住在這裡，有些規定要遵守：第一、煮飯不能煮太久，電很貴。第二、每人一個星期能用一次洗衣機，水很貴。第三、離開時要把床單丟進洗衣機，她沒空。第四、出去玩要訂行程一定要通知她（要賺佣金）。第五、隨手關燈。

聽到這些規則，我知道她為何單身了。Sam在一旁笑笑地說：「聽聽就好，不然這裡哪找得到這麼便宜的住宿？」我點點頭說：「也對。」我們的房間可睡八個人，有床的就睡，沒床的在地上加個彈簧床墊，也可以睡。

E小姐很有理財觀念，兩棟房子大約可以睡三十人左右，客滿的話，一個月房租最高收入台幣三十二萬（不知是否要繳稅），是個不錯的投資。

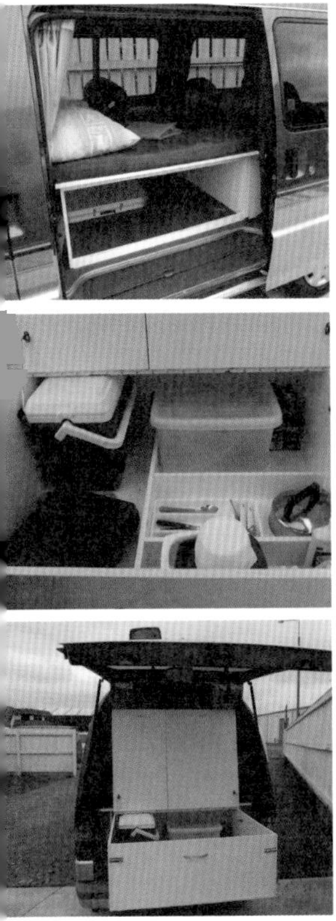

這裡有無線上網（一般在ＹＨＡ需要額外付費）、有客廳、有廚房，和Olivia一起做手工餅乾，大夥兒也挺熱鬧的。

重裝上陣

工欲善其事，必先利其器。有了環遊北島的經驗，這次我們租了一台露營車（Campervan）。外表看起來是台七人座廂型車，其實裡面除了正、副駕駛座外，還有一張雙人床、活動窗簾、兩個枕頭、兩張導演椅、一張摺疊桌、食物儲藏空間、水壺、餐具、保冰箱，以及夢寐以求的攜帶式瓦斯爐。（有的甚至還有微波爐、洗手間，但車型大小不同，價格也不同，當地的租車公司很多，可以詳加比較。）

付了保管費之後，我們把行李箱留在民宿，只帶輕便的衣物和撿來的行李袋上路。出發前，有人給我們旅遊書，有人送我們防蟲噴霧，人與人就像是線與線，時而平行，時而交會，我們要做的，就是在交會的時刻，好好珍惜。

我們謝謝在這段旅途中，每一個給我們力量的人。集合了大家的力量，我們再次背起行囊，跨出這溫暖的舒適區。

人生在世，所追求的無非是幸福而已，而幸福並非源自健康、財富或名望，雖然健康是很重要的因素，但其實唯一決定幸福的條件是：你的思想。

—戴爾．卡內基

7 天堂不是地名，而是人名

我們常在想，哪裡才是夢中天堂？
到過深山、去過五星級奢華包廂，看過美景、吃過米其林三星龍蝦。
但我們終於發現，天堂不是一個地方，
而是一段旅行中，有心愛的人陪在身旁。

海鮮大餐

基督城在南島中部，於是我們先向北邊出發。一號公路沿著海岸興建，幸運的話可以在路邊看見海豹曬太陽（但是不要靠太近，像我就是為了拍照，結果被海豹忽然大吼一聲嚇了一跳）。

有了瓦斯爐，我們從乞丐變成了帝王。

「太棒了！我們終於不用再吃吐司了。」Olivia開心地說。「等一下我們去超市買米、牛肉派、泡麵和汽水慶祝！」我附和。

「出發！」我們舉起右手大聲說。

環島的第一餐，我們擺好桌椅，面對海景吃著美味的辛拉麵（外加起司、溫泉蛋），這是Olivia看PTT美食版學的。等麵、蔬菜滾了之後加入新鮮雞蛋，熄火悶煮，完成之後打開鍋蓋加入起司，麵條的口感瞬間濃郁升級。太感動了！如果你也愛喝湯，千萬別錯過。

就這樣，Olivia負責煮飯，我負責洗碗。

欣賞碧海藍天，我們到了凱庫拉（Kaikoura）。碼頭上有人釣魚，岸邊有看不完的海豹，這裡是賞鯨豚的好地方，也有現抓的小龍蝦。海鮮很便宜，我們買了藍牙鱈（Blue Cod）魚頭下巴、淡菜、魚排和兩隻明蝦。順著指標，找到一個瞭望台，可以俯瞰整個海洋。我們打開後車廂，海風徐徐迎面吹來，攤開桌椅，我組裝瓦斯爐，Olivia準備柴魚高湯。清甜的海鮮精華、川燙淡菜、迷迭香魚排與清蒸明蝦，若非此刻神智清醒，我還以為到了天堂！

於是，我們決定在這待一晚，明天再吃一次滿漢大餐。把

車停在當地一家購物中心的停車場後方，Olivia打開電腦說：「咦？怎麼有無線網路！」我說：「真的假的？」一般來說，紐西蘭的無線網路都要付費，免費的也要向店員索取密碼。我們何其幸運在無意中發現了這個不需要金鑰的免費網路。

那一天，看完最新一集羅志祥、楊丞琳演的《海派甜心》，我玩CS，Olivia上網PK爆爆王。旅行中的驚喜，往往來自這些沒有預先規劃的地方。

睡在車上

睡在車上的床很舒服，但是也有些注意事項。

第一、海邊或公路邊的停車格不能睡，有警察會巡邏開罰單（請參考當地法律）。

第二、睡覺時要拉上窗簾，以防有心人士或調皮的年輕人偷看、惡作劇（我們有一次睡路邊，結果被一群青少年搖車、吶喊，後來還好沒發生什麼事，那是很驚險的一晚）。如果覺得危險，要趕快打電話求救。

第三、不要特立獨行，不要睡在太明顯的地方（容易成為壞人的目標）。

第四、重要的物品一定要帶身上，筆電、包包放車內的話要藏好（很多背包客的車窗被打破就是因為把筆電、包包放在駕駛座，讓人心起歹念）。

第五、雞蛋不要放在同一個籃子。錢要分開放，不怕一萬，只怕萬一。

第六、不要睡在太偏僻的地方、不要睡在熱鬧的市區裡（這是在自找麻煩）。

第七、要睡在平地，不要睡在斜坡上（你睡得著我佩服你）。

第八、不要離洗手間太遠，不然就學《那些年，我們一起追的女孩》使用寶特瓶。

第九、記得開車窗，保持空氣流通。

只要遵守以上幾點，睡車上或睡家裡，其實沒有什麼分別，祝你們好運，晚安！

世外沙源

沿海公路時而大霧、時而晴朗。早上到皮克頓（Picton）New World超市血拚，中午吃大麥客加霜淇淋（十五紐幣）。眺望馬爾波羅峽灣（Marlborough Bay）壯麗的湖光山色、繽紛的藍色漸層，漫步在夏洛特女王步道（Queen Charlotte Track），可以看到不畏人類的野鳥與叢生的銀蕨。港口停滿各式各樣的遊艇，讓在都市長大的我們看得目不轉睛。路上經過一條小溪，看有幾個家庭在玩水，我們換了泳衣，加入戰局（水好冰啊）。

到了尼爾森（Nelson），紐西蘭最適合居住的城市之一，可以欣賞日式宮津花園（Miyazu Garden）的蓮花、到愛塞爾公園（Isel Park）玩玩飛盤，雄偉的大教堂，由二千五百根風管組成的大型管風琴，更是不能錯過的地方。順著人群，來到了尼爾森假日市集。有蛋糕造型的香皂、鋁罐回收做成的戰鬥機、新鮮的花椰菜、剛採收的新鮮蜂蜜、當季的甜椒、洶湧的人潮與甜美的櫻桃。頃刻間，手上多了幾個袋子，口袋少了幾張鈔票。

這幾天吃得好、睡得好，我們嘗遍零食，猶如神農氏親嘗百草。剛好遇上風箏節，很多參賽者在活動中心旁邊搭帳篷過夜，在表明來意之後，我們借用了中心裡的沐浴間，洗了這星期唯一的熱水澡。

到普普冷泉（Pupu Springs）看噴泉，清澈的湖水從地底

急湧而上，遇到好心的西班牙情侶給我們淡菜，新鮮的淡菜川燙後灑點海鹽非常美味。來到黃金灣，可以看見從前擱淺的抹香鯨骨頭標本、用柵欄放牧的綿羊。走在悽涼的離別岬（Farewell Cape），越過滾滾的貝殼沙，野生的鳥類呼朋引伴，帶我們前往小海豹的家。

「你看！是小海豹耶！」Olivia拎起拖鞋，越過了兩公尺的沙丘，向海邊跑去。

「等等我啦——」我背著背包、拿著相機說。

初生之犢不畏虎

到玫瑰光芒巧克力工房（Rosy Glow Cholocate House）買巧克力，經過一個大規模的車屋公園（Caravan Park），有各式的帳篷、露營車，以及各種小朋友的尖叫聲。車屋公園是指可以停露營車的露營地，隨著價位不同劃分為三區：供電供水區、一般露營車停放區和帳篷區。我們在外面的沙灘散步，欣賞浪漫的夕陽餘暉。

隔天，到了亞伯．塔斯曼紀念碑（Abel Tasman Memorial）緬懷他發現紐西蘭的英勇時光，吃完Olivia美味的肉醬麵料理，我們興奮地到海灘上收集扇貝，欣賞海灘上騎士縱馬奔騰的英姿。

進入亞伯．塔斯曼國家公園，瞥見書上簡短地寫著「哈伍德斯穴（Harwoods Hole）是紐西蘭最深的洞穴」。就這樣？太奇怪了，連景點介紹也沒有，所以我們決定自己去一探究竟。

順著綿延的六十號公路前進，看到了洞穴的指標。「禁止巴士進入！」一個小小的立牌寫著。「拜託，真的假的？」我說。後來我們再往前開約一百公尺左右，柏油路就全變成了碎石路。

「這會不會刺破輪胎啊？」Olivia問我。

「應該不會吧？不然別人怎麼去的？」我回答。

因為碎石路開不快，讓這段不見底的山路變得非常漫長。那會車怎麼辦？好問題。這個碎石路非常窄，會車一定要先找空位停著，讓對方先過，否則就會像白羊與黑羊的故事一樣，我總共會車了三次，每次都讓我們更珍惜生命，因為上山是靠右開，我右邊就是懸崖，Olivia頻頻把頭伸出窗外看著輪胎與懸崖的距離。「慢一點——慢一點，往左一點，往左一點！」Olivia尖叫地說。而這些，只是開始。

「前面的風景好嗎？」會車時我搖下車窗問對方。「不知道耶，路況實在太差，我們放棄了。」對方說。下一個駕駛說：「這太危險了，車子如果中途壞掉怎麼辦，我們不去了。」最後一個遇到的駕駛說：「這條路根本沒有盡頭嘛，我看你也別去了。」我望著Olivia數秒鐘，的確也想過要回頭，但是Olivia問我：「我們下次來紐西蘭是什麼時候？」我說：「不知道。」

想起《最後的演講》作者蘭迪．鮑許（Randy Pausch）說：「這道牆是為了阻擋那些不夠渴望的人」。所以我們告訴自己：這件事對別人來說或許是雞毛蒜皮，但對我們而言卻是有著非凡意義，因為我們要去看的不只是風景，還有自己的決心。古往今來，哪段英勇的故事不驚險？哪段冒險的故事不刺激？整個旅行只有一個重點，就是「渴不渴望去」而已。

不過，說的比唱的好聽。當下我們也是冷汗直流。

天竺取經

我們繼續與碎石路奮戰，轉彎的時候打滑，我們嚇得拿出了《聖經》。「到了沒啊？」Olivia問。「我看應該沒這麼快。」我說。一路魂飛魄散了幾次，心中的忐忑不安讓

時速變得很慢，進入了一片樹林，我們硬著頭皮往前開。

「到了！到了！你看，有人耶！」Olivia尖叫地說。太好了！我們停好車，向他們打招呼時，他們正在用礦泉水擦澡（是一對歐洲情侶）。

「嗨！你們好，請問洞穴是往這走嗎？」我問。

「對啊，往前走就是入口，再徒步走五十分鐘就到了，我們剛從那回來而已。」他說。

當時大約下午五點多，看著眼前的森林，想起了天黑的可怕。打鴨子上架，跟它拚了！我們開始換裝，帶上相機、手機、食物和水，這時候，一台箱型車開了進來。是一對加拿大情侶。他們問了和我們一樣的問題，聊起開車過來的經過，我們有種英雄惜英雄的感覺。「既然你們也要去洞穴，那不如一起走吧！比較有伴，而且可以互相照應。」我說。「那再好不過了！」他們異口同聲地說。就這樣，我們四個人前往天竺取經。

走進了高聳蔽日的森林，落荒而逃的是我的勇氣。從不是道路的道路中，爬過無數泥濘的巨石，溼滑的青苔讓人小心翼翼。

有時候，沒有路了，就要把自己當作是馬蓋先，發揮百分之一百二十的想像力，搬石頭、架樹枝，還要飛簷走壁。時而蹲下、時而大跳，好比是馬利歐兄弟，前方導引的路標，是我們唯一的鎮靜劑。

「到了！你看——看——看！」加拿大女孩的回音說。這裡寫著「沒有欄杆，請自己斟酌靠近！」，壯觀的洞穴被雲圍繞，我往洞裡丟下石頭，想用聲音推算深度的距離。沒想到，連丟三顆下去，就是沒有聽見聲音，不知道是洞穴太深還是事有蹊蹺，我趕緊雙手合十向山神稟報。拍了照，我們四個人驚嘆大自然的力量，然後恭敬地離開，繼續前往下一個歐洲情侶大力推薦的景點：峽谷溪觀景點（Gorge Creek Viewpoint）。

患難見真情

接下來，是不可能的任務，先往回走二十分鐘到了一個岔路，然後照著指示前進。昨天看歐洲情侶沖澡我就覺得奇怪，山裡面很涼怎麼會全身溼透呢？走著、爬著、跳著，我們抬頭一看，「這個指標是向上的意思嗎？」我問。一整片的灰色石頭直達山頂，沒有路、沒有扶手，只有幾個紅色膠帶貼成的箭頭。尤其對女孩子來說，這真的很困難。

就這樣，我們扶著女生往上爬，有時候爬錯路了，就原路爬回去。每個人都是氣喘呼呼、臉紅心跳，恨不得把所有的水都往身上倒。坡度越來越陡，我們越爬越高，心裡念著三字經，卻沒有人敢往下瞧。

爬到了山頂，手起了水泡，這裡沒有柵欄，我站在最高的石頭上，面對眼前的景色，我嚇呆了。所有的雲在我的腳下飄，如說是騰雲駕霧，我又比雲高了半座山腰。重疊起伏的山巒盡收眼底，雲層灑下的耶穌光宛如新娘禮服的藝術照。我們看得如癡如醉、流連忘返。Olivia和我一致認為這是這次旅行中最棒的體驗。（第二：高空跳傘，第三：冰河健行。）

有時候，上山困難下山容易，但這一次是上山難，下山更難。我們看著夕陽餘暉，心想大事不妙，希望能在太陽落下之前，找到下山的指標。怎奈屋漏偏逢連夜雨，人犯錯往往是因為心急，況且石頭長得都一樣，又有誰能分得清？好幾次爬錯路，那真的會讓人心跳暫停。我們心急如焚，但Olivia就是可以靠女人的第六感找到正確的路（見證奇蹟的時刻）。相信Olivia是對的，我們回到了原先的岔路。只是，天黑了。

剛剛天明明就還微亮，怎麼會呢？因為回到森林，高聳的樹遮住了陽光，伸手只見兩

加拿大情侶

指的情況下，要走完之前連爬帶跳的小路，無異是緣木求魚。於是加拿大情侶拿出可以放在頭上的探照燈，走在前面開路，我則是一手用手機的手電筒APP照在地上，一手牽著Olivia。

過沒幾分鐘，天色終於全部暗了下來，靠著些許的燈光，我們得以小心翼翼地前進。聽見遠方的狼嚎，我們四個人能做的只有挫咧等而已。其實，如果是一片黑，可能還沒那麼恐怖，可怕的是因為貓頭鷹、嚙齒類生物的眼球會反光，所以當探照燈往前方照的時候，你可以看到陰森森的樹枝上，有幾十雙發亮的眼珠子在看著你，你說我們心裡會不會發毛？我聽不清楚加拿大情侶在講些什麼，但最後那一句肯定是「哈雷路亞」！

我右手用力握著Olivia，像是地球就要滅亡，手掌間滲出汗水，彷彿遇見黑風雙煞。此時風聲鶴唳，我那不爭氣的牙齒格格作響，正所謂患「難」見真「情」，我在情急之下脫口而出，向Olivia說：「我們結婚吧！」

Olivia安靜了幾秒鐘，叫我正經點，專心看路，不要胡思亂想。或許是加拿大情侶的禱告發揮作用，我們在前方幾公尺處看見了一隻大眼鼠（小小隻的、長尾巴、大眼睛），牠會往前走走幾步然後回頭看我們，那發光的眼睛像是為我們帶路一樣。

出了森林，我們癱軟在地上。原來，呼吸是這樣的珍貴，心跳是如此的美妙，我們先是喜極而泣，接著相視而笑。

海豹這一家

我們跨越自己的極限後一覺到天亮，和加拿大情侶一起吃早餐，談起昨天發生的事，激動地差點滴血結拜、義結金蘭。

白天的森林，茂密的樹葉間灑下了溫暖的陽光，一點也感受不到昨天月黑風高的氣息。漫步在白天的森林裡很舒服，植物的芬多精令人心曠神怡，只是活潑的蚊蟲好客，開朗的蜘蛛熱情。回程的時候，在碎石路上遇到別人問說：「這裡值不值得去？」我就會和Olivia笑著說：「當然，再辛苦也值得！」

前往凱塔利塔利（Kaiteriteri），報名了隔天一大早獨木舟的行程之後，買了當地頗負盛名的炸魚薯條（Fish & Chips）當晚餐。獨木舟有分半天、全天行程，視個人體力決定，價格可以多加比較（我們先前有在雜誌剪下九折優惠券）。

一大早，我們就看見在岸邊整齊排列的金黃色獨木舟，我們的教練是來自英國的Rock，這一組有六個人（一對德國情侶、一對法國情侶、Olivia和我）。教練簡單說明了如何操縱獨木舟之後，將重要物品放入防水袋，之後要放在獨木舟裡面。先乘坐水上計程車到湯加島（Tonga Island），經過著名的蘋果岩（Split Apple Rock），岸邊就是國家公園保護區，所以鳥叫聲不絕於耳。到了目的地，大家穿上救生衣，整裝完畢之後划向海洋，教練先帶我們到一個小島附近去看「海豹這一家」，在幾乎是伸手就能摸到的距離，相機的快門瘋狂歌唱。

黃金海洋

划獨木舟是運動，也是享受，倘佯在無盡的藍色海洋，欣賞美麗的自然風光。坐在獨木舟裡很舒服，一點也不會勉強，雙手輕輕地划動，獨木舟就會前進，坐後座的人雙腳踏板一踩，獨木舟就會轉彎。

「小寶貝，妳在幹嘛？」我邊划邊說。

「我在休息啊，手好酸喔。」Olivia嘟著嘴說。

「你看，我們越來越落後了啦——」我說。

因為我們的獨木舟裡裝著七個人的食物，所以我們如果落後太多，教練就會拿出繩子把我們的獨木舟綁在一起，和我們一起划（謝謝教練）。

中午時分，教練帶我們上岸休息吃飯。每個人都有一份墨西哥餅（生菜、燻雞肉）、一份水果三明治、一塊巧克力布朗尼和一杯熱咖啡（也有紅茶、可可）。在碧海藍天下享用美食，品嘗摩卡，人生如此，夫復何求？

這裡的沙灘很美，但為了不要吸引太多遊客，於是取了名字叫「蚊子灣」、「沙蠅

灣」（Sandfly Bay，行銷管理學的反應用）。我就這樣載著公主，乘風破浪、筋疲力竭地到達了終點。

「啊！坐獨木舟真舒服！」Olivia笑著說。

「小……小的三生……三生有幸……服……服務公主。」我氣喘如牛地說。

「乖，去休息吧。」Olivia說。

接著是自由時間，我們換了泳衣去游泳，跳下水的時候發現清澈的海水閃耀著金色的光芒，教練說是這裡的沙很特別，在水中會反射出一閃一閃的金色亮光，我們聽了「哇」了一聲。

後來教練帶我們去看一個祕密的石洞，走到一顆岩石上的時候，Olivia因為一個不小心滑了一跤，右手當場刮出好幾道長長的血痕，手上的相機也泡了水（走在礁石上真的要小心再小心）。教練跑去拿急救箱，我則是去拿巧克力。聽見Olivia幽默地說：「平常都是我在幫別人包紮，今天終於輪到別人幫我了。」我才放心許多。（Olivia是護士。）

熱鬧的節慶

延續昨日的晴朗，今天也是好天氣。我們從亞瑟隘口（Arthur's Pass）繞回基督城，參加一年一度的街頭藝人節慶，欣賞魔術、火舞與驚心動魄的舞台劇。海灘上成千上百的風箏，為天空穿上了鮮豔奪目的新衣，我們買了一盒雙倍巧克力冰淇淋甜筒，享受冰淇淋融化滴在手上歡愉的夏日光景。

回想起過去幾天的際遇，我很感謝Olivia與我同行，多年來一直在尋找的天堂，現在就在我的懷裡。過去的我驕傲自大，崇尚沙文主義，總是強迫對方改變，搞得自己像得心臟病，如今的我學會體諒、懂得珍惜，不再去挑對方的毛病。因為與其要別人改，不如自己先少根筋。每個人都有缺點，反正我也常忘東忘西，下一個不見得會更好，她就是我的天命真女。多虧旅行磨掉了我的挑剔，老了才有人願意幫我推輪椅。

離開了基督城，這次我們向南出發。

在阿加羅阿（Akaroa）的夕陽下邂逅了美麗的黑天鵝，今晚要和牠們一起進入夢鄉。

多虧旅行磨掉了我的挑剔，
老了才有人願意幫我推輪椅。
—林政達

8 應無所住而生其心

人若能「無我」，在任何情境下，
苦便無從生成、無處可附著。

飛雪連天

小時候，幸福是一件簡單的事；長大了，簡單是一件幸福的事；來到蒂卡波湖（Lake Tekapo），幸福是一件隨時的事。

「哇！這是仙境！」Olivia驚訝地說。

「快，打我，打我，我一定是在做夢！」我說。

「你說的喔？」Olivia指著我說。

「開玩笑的啦！啊——妳來真的！」我邊跑邊說。

蒂卡波湖因為色澤充滿神祕之美而聞名遐邇，因為冰河溶解注入湖泊中時，夾帶的岩石裂成細粉狀，因而呈現出這令人屏息驚嘆的奇妙湛藍色火山湖美景。YHA外面停著幾輛挑戰極地的自行車，我們走進去為他們加油打氣。走進湖畔小巧昏暗的教堂，加倍令人驚豔的是窗外絕色的湛藍湖景。

這裡的夜晚沒有一絲光害，躺在草地上，整片的星空、銀河盡收眼底，四周的驚嘆聲此起彼落，我們是愛麗絲，夢遊在這如詩如畫的仙境。

冰河玄鮭

「你看，書上說這有賣鮭魚耶！」Olivia說。

「真的假的？這裡不是高山嗎？」我回答。

「那我們去看看。」Olivia好奇地說。

這一天，Olivia右手的傷勢已經好了大半，想要替她找些藥材補補身子，但在高山上卻苦無店家。我伸出右手，握住Olivia的手腕，手指在她「大淵」、「經渠」兩

處穴道上一搭，登時覺得她體內生出一股希奇古怪的內力，但時強時弱，實在是令人匪夷所思。「難道是烈火神貝？」我暗自猜疑。於是我回想Olivia受傷的那天，仔細抽絲剝繭。當時，我的確隱隱看見一顆火紅的巨貝附在石壁上，但當時傷勢為重，自然無暇分心。沒想到竟會在這偏遠的南半球，遇見這盤古開天的至上寶物，烈火神貝源自火焰刀山，為了調和體內岩漿，偶爾會出現在純淨無污染的海邊，神貝上的寶血紅沙若是進入體內，可以提升數十年的道行修為，但由於此寶沙屬極熱之物質，所受之人也將飽受烈焰攻心之苦。

「妳會不會覺得全身發燙？」我問。

「不會啊，怎麼這樣問？」Olivia一臉狐疑地說。

想必是因為這高山上的寒冷氣候，抵消了她體內的熱氣，難怪我要穿兩件外套，Olivia只穿一件背心。

當下油門急催，終於在中午時分抵達養殖場。看見養殖池中湛藍色的火山湖水，鮭魚發亮的鱗片，沒錯！這的確是屬極寒的冰河玄鮭。Olivia拿了飼料餵鮭魚，搶食的魚群把水濺的到處都是，充沛的活力可見一斑。

利用TOEIC學到的英語談判技巧，買到了萬中選一的冰河玄鮭。切生魚片需要柔中帶剛，我使起反兩儀刀法。魚肉的切面閃閃發亮、入口即化。不到一盞燈時分，Olivia隨即全身舒暢、受用無窮。我又拿出平底鍋，用天然橄欖油與雪山晶鹽完成了這道「香煎玄鮭」。神貝極熱而玄鮭極寒，兩者陰陽調和，太極生兩儀、兩儀生四象、四象生八卦，此刻天人合一、心神領會，無招中有招，有招中無招，是謂「太極八卦掌」。Olivia身上冒出陣陣白煙，顯示其內力修為已達登峰造極之勢。右手上的肌膚，也恢復成了原來白裡透紅的模樣。

企鵝王國

越接近庫克山（Mount Cook），越覺得人類的渺小。一路上的湛藍湖水虛無飄緲，積雪的山峰風光明媚，令人瞠目結舌的星空下，我們在睡夢中聽著冰河時期的寓言神話。

回到一號公路繼續往南，來到企鵝之都歐亞瑪露（Oamaru），詢問了其他背包客，我們得知了一個可以免費看藍企鵝的地點。那是一個像是荒廢的碼頭，身後斑駁的房屋就是藍企鵝的家。隨著夜幕降臨，聚集的遊客越來越多，大家專注地看著海岸線。後來，看見了一隻動物緩緩上岸，仔細一看卻是一隻大海豹，難道是要來吃企鵝的？大家議論紛紛。因為藍企鵝怕強光，所以不能用手電筒，拍照也不能用閃光燈（否則會引起公憤），我們只能靠著微弱的街燈判斷藍企鵝的降臨。

「看來沒這麼快。」Olivia吃著洋芋片說。

「這包是什麼口味的？」我問。

「Chili口味，不錯耶。」Olivia點頭品嘗。

忽然聽見一聲刻意壓低音量的尖叫，大家蜂擁而至，三隻可愛的藍企鵝正左搖右擺地上岸，往我們身後的空屋走去。很快地，左邊、右邊、前面都出現了數量驚人的小企鵝，其中有兩隻就從我的面前經過，這是不是在做夢？看著企鵝左右搖擺地前進，十分逗趣，每個人都變成了雛

像，一動也不動地，靜靜看著企鵝回家。如果來紐西蘭，一定要來體驗看看！

小鹿斑比

駐足在莫拉奇（Moeraki）的世界奇景，讚嘆海灘上直徑長達一公尺的圓石群。到奧塔哥半島（Otago Peninsula），參觀皇家信天翁保護區。聖保羅大教堂（St. Paul's Anglican Cathedral）哥德式的梁柱，散發著威嚴氣息。第一大教堂（First Church）六十公尺高尖塔上富麗堂皇的彩繪玻璃，讓人目不轉睛。

到了超市，眼尖的Olivia發現了一個原價五．四九紐幣，直徑三十公分的圓麵包，因為明天將過期，特價竟然只要一．二五紐幣，我們受到老天眷顧，撿到了這個大便宜。

繼續向內陸前進，我們來到前往米爾福峽灣（Milford Sound）的門戶蒂阿瑙（Te Anau），點了一個主廚推薦的肉派。

「請問這是什麼口味？」我問。

「那是小鹿斑比口味。」店員開玩笑地說。

「好殘忍喔，斑比這麼可愛！」Olivia雙手叉腰說。

我們和店員笑成一團。於是，我們吃著鹿肉派，前往世界遺產米爾福峽灣。

令人聞風喪膽的沙蠅

道理很簡單，因為沙蠅（Sandfly）比含笑半步顛還可怕。來峽灣，一定一定要記得穿長衣長褲、帶防蟲噴霧，因為在整個紐西蘭西岸地區，你都會對牠們恨之入骨。我認為翻做「殺你」還比較貼切。沙蠅是黑色的小蟲，長得像蚊子，但大小只有一般蚊子的四分之一，非常不容易發覺，一旦被叮咬，晚上睡覺時傷口處就會奇癢難耐，腫大數倍，像是有千隻蜈蚣在咬一樣，你會恨不得想拿刀把肉割下來。更糟的是，牠們絕不會只攻擊一個地方，而是會使出「五行相殺叮」、「紫微六合咬」或「北斗七星陣」達到加成效果。

最慘無人道的是，就算塗了靈丹妙藥，這每到睡前奇癢無比的過程，還是要持續整整七天，真是讓人求生不能求死不得。曾經有背包客在西岸深山健行，親眼目睹成群的沙蠅飛過，天空黑壓壓的一片，像是撒旦駕臨。

我和Olivia也曾深受其害。我們有一次在西岸海邊看見一個堆石頭的奇景，整個海灘上堆滿了由小而大的石頭堆，興奮之餘穿著短褲，就下車去堆石頭共襄盛舉，不過一轉眼時間，往大腿一拍，赫然發現是沙蠅，直呼大事不妙，衝回車上一看，兩腿無一幸免，Olivia也是叫苦連天。接下來的七天奇癢無比，每天晚上都被癢醒，抓破了皮也沒用，這個癢是深入骨髓的，就算勉強運起內力抵抗，內力也會如石沉大海般消失得無影無蹤，唯一的方法只有用力捏轉，設法用痛覺壓過這椎心刺骨的煎熬。

各位，到了西岸，請務必做好防範準備。

米爾福峽灣

九十四號公路是通往米爾福峽灣的道路，沿途會經過聞名遐邇的鏡湖（Mirror Lake），上下顛倒的地標會在湖中顯現出來。在隧道前的交通管制站等待，我們下車和路

邊的冰層拍照，旁邊的旅客可能是餓了，拿起碎冰就往嘴裡塞。經過漫長的山路，我們在一座橋墩旁稍作休息，Olivia在橋旁邊發現了一個祕密通道，我們坐在清澈的河邊，用雙腳感受接近零度水溫的沁涼。

今天的遊客很多，我們找了個樹蔭下的停車位。開往米爾福峽灣的郵輪主要有三家，每家每天約有五個航班，一大早第一班最可能看見海豚（英國背包客告訴我的），最後一班船最便宜，而且回程時船上的食物會特價出清。

峽灣是由冰河侵蝕作用所劃出的深谷，流入海水後便形成峽灣。站在甲板的最前方，我們享受著電影裡乘風破浪的快感。一旁是瀑布急瀉而下的彩虹橋，一旁是海豹在岩石上曬太陽的慵懶。輪船小心翼翼地前進，Olivia要一窺眼前深谷鬼斧神工的堂奧。

面對碧海藍天，無止盡的海平面，和煦的陽光從天而降，人生猶如滄海之一粟，令我頓時豁然開朗。回想起一路走來的艱辛、升學時的壓力、生命中的挫折、辭職時的委屈，原來人生中的痛苦皆來自於我們的「心」。面對不同的情境時，人會以自我的角度去分辨

際遇的好、壞、善、惡，苦也因此而生，當我們的心不再有「我」的觀念、沒有「好壞」的判斷，分分秒秒活在當下，與情境合而為一，應無所住而生其心，便能抵達「空」的彼岸。人若能「無我」，在任何情境下，苦便無從生成、無處可附著。

如此一來，眾人眼中的不如意，便影響不了心中的平靜。諸法空相，不生不滅，不垢不淨，不增不減，人不該把時間花在後悔過去、擔憂未來，而是應當把握當下，及時行樂。此當頭棒喝，我雙手一揮，仰天長嘯，源源不絕的內力撥雲見日、前仆後繼，竟在無意中領會出「空明拳」第九層的最高境界「無色無相」。

「媽媽，你看這位叔叔好奇怪喔！」一個外國小朋友指著我說。

「不要過去，快回來！」外國媽媽拉著小朋友說。

「你在傻笑什麼啦？很丟臉耶！」Olivia問我。

「我學會空明拳啦！」我高興地說。

「空你的大頭啦，快給我過來拍照！」Olivia張大了眼捏著我的耳朵。

「輕一點，輕一點啦！」我雙手合十地說。

> 我們對生命的認識如此有限，我們真的不知道什麼是好消息，什麼又是壞消息。
>
> —馮內果

9

高空跳傘很可怕，但更可怕的是——主傘故障啦

我還沒欣賞硬碟裡的步兵，家裡的CPU等著我回去超頻，我的人、我的牽掛、我的心，隨著每平方秒九．八公尺的重力加速度往地面無情地襲去。當下，我領悟到，生命中最重要的，絕對不是頭銜、名車或百萬年薪。

高空跳傘

來到紐西蘭最大的度假勝地皇后鎮（Queenstown），可以說是戶外活動者的天堂。在著名的漢堡店Fergburger，一定要點BIG AL大漢堡配上薑汁啤酒（我們票選南島最好吃美食第一名），超越了我最愛的日式豚骨蕃茄沾麵，以及Olivia最愛的小巷弄草莓鬆餅。

住進了皇后鎮窗明几淨的YHA，洗了個舒服的熱水澡，我們認識了正在環遊世界的情侶檔室友：英國的Lee和美國的Courtney。參觀奇異鳥公園之後，可以搭纜車或徒步健行到鮑伯山頂，一覽皇后鎮的迷人風景。在山頂可以玩小雪橇，我和Olivia比賽甩尾，玩得很盡興，玩最後一次的時候，Olivia要幫我錄下精彩的鏡頭，結果選到一台八字跟我不合的賽車，錄影途中被一個年輕女生超越，Olivia笑到一個不行。

隔天，前往「ＡＪ高空彈跳」朝聖，看別人從橋上跳下去之前的表情，別有一番風趣。還有兩個女生一起尖叫向下跳，互相抱超緊的，旁邊的人看得哈哈大笑。前往克倫威爾（Cromwell）買新鮮的櫻桃後，我們要去瓦納卡（Wanaka）超越自己的極限，參加高空跳傘。

自由落體

高空跳傘就是先乘坐小飛機到天空，然後背著降落傘跳下來，經歷一段自由落體時間後，打開降

落傘，安全落地。不過，說起來容易，做起來就不同了。老闆娘說今天的天氣很好，適合高空跳傘，雖然我心裡一直猶豫，但為了向未來的子孫炫耀我的英勇，所以我們選了最高的高度：一千五百英尺，感受六十秒的自由落體。（我們有剪下雜誌上九折的優惠券，跳傘加攝影三百八十紐幣。）

首先，換好服裝，綁上安全扣環，拿下危險物品，簽好同意書。教練會先幫你拍一段開場VCR，可以談談當下的感想，或是秀出寫在手上的「爸媽我愛你」。

走出戶外，坐上小飛機。隨著越飛越高，窗外的景緻就越壯觀。教練手上有一個高度指示器，到一千二百英尺的時候，我們前面二個外國女生跳下去了，升高到一千五百英尺時，Olivia跳下去了。教練把我帶到門口，把我的頭往後仰，然後在那千萬分之一的時間裡，我的心跳忽然暫停了。

這就是自由落體，伴隨著極難受的心臟壓力和無限墜落的恐懼，加上視網膜承受不了壓力的變化而造成的短暫失明，在身體機能喪失的情況下，大腦為了喚醒意識，會全面啟動副交感神經，此時過去最甜美的回憶、最痛苦的記憶會一幕幕地在腦海中閃過，也有人會看見耶穌，有人會看見佛祖。幾秒鐘之後，心臟與視網膜適應了壓力變化，大腦恢復意識，伴隨著尖叫聲，眼球周圍的六條肌肉開始運作，一千五百英尺的世界映入眼簾。

落下了一段距離，教練會放出引導傘（輔助主傘打開的重要步驟）。接下來，就是六十秒的自由落體。此時，大腦會進入一種精神亢奮的狀態，有些人會假高潮，有些人會尿失禁。由於血液已經能順利從主靜脈回流右心房，聽覺、視覺恢復正常運作，鳥瞰著積雪的山峰、壯麗的美景，可以擺出鋼鐵人的飛行動作、超人的英勇姿態，或是孫悟空的龜派氣功。

享受完這異常珍貴的六十秒，教練會打開主傘，控制飛行的方向，回到原來上飛機的地方。

一般而言，主傘打不開的機率是百分之零點零一，但是人真的不能太靠勢，因為，我、的、主、傘、打、不、開、啊！那A安耐？看著教練東拉西扯地想把主傘打開，但那粉紅色的主傘就是硬生生地在空中揪成一團。眼前大勢已去，心喊歸去來兮，我閉上雙眼，彷彿即將圓寂。我還沒欣賞硬碟裡的步兵，家裡的CPU等著我回去超頻，我的人、我的牽掛、我的心，隨著每平方秒九．八公尺的重力加速度，往地面無情的襲去。

當下，我領悟到，生命中最重要的絕對不是頭銜、名車或百萬年薪。

還好，身經百戰的教練臨危不亂，立刻決定捨棄主傘，拉下副傘的拉環。「唰」的一聲，美麗的白色副傘在空中打開，此時，一股強大的向上拉力將下墜的力量抵消，在瞬間靜止的時刻裡，我通體舒暢像剛上完大號，全身癱軟像是靈魂出竅。

開啟降落傘後，進入了「重生階段」。在降落傘全開的狀態下，優雅地飛行，但由於前庭和半規管還來不及適應壓力的變化，會產生劇烈的疼痛或是耳鳴。因此除了微微低沉的風聲，世界幾乎是一片寂靜。身體從剛剛的完全緊繃，到現在的完全放鬆，大腦的邏輯、語言、記憶功能全部進入休眠狀態，看著腳下飄忽的景色，「我還活著嗎？」我問自己。於是試著用最後的力氣，伸出雙手試圖握緊，感受心跳的真實意義，用力地品嘗每一口新鮮的氧氣。

Olivia此時已經安全降落，我的教練調整著飛行的方向。教練要我雙腳往前伸，「欻」的一聲，安全降落在柔軟的草坪上。我勉強地站起來，讓教練鬆開降落傘的扣環，彷彿重獲新生，Olivia跑過來抱著我，我們喜極而泣。

換回原來的衣服，我們去找教練、小飛機合照。深感人生苦短，須及時行樂！於是殺回皇后鎮，享受重生之後華麗的美食盛宴。跳傘前，我執著於人生輸贏；跳傘後，我只要人生過得開心，在空中落下的六十秒裡，我領悟到六十歲才能通曉的人生哲理。

冰河健行

回到YHA之後，聊起方才驚心動魄的跳傘經歷，我們都久久不能自己。洗完熱水澡，我們到皇后灣散步，遇見了兩個才小學但中文卻很溜的德國小兄妹，他們說小時候住在上海，父母是老師，談起求學過程，我們相視而笑。回到熱鬧的大街上，挑挑明信片、買買帶回台灣的紀念品。

沿著六號公路北上，可以看見許多路邊販賣水果的店家，我們買了當季的櫻桃，享受鮮甜的暢快滋味。途中遇到一段路坍方搶修，三十幾輛汽車停在路上熄火等待，我們則是開心地品嘗TimTam和Chili口味的洋芋片。來到了奇妙的動腦世界，可以拍出許多令人會心一笑的有趣照片。南島第三大的瓦納卡湖畔旁的楊樹林蔭大道遠近馳名，倒映在湖面上的景色更是詩情畫意，透過公路邊的瞭望台，可以將風情萬種的美麗湖景一覽無遺。繼續前進，我們看見了海岸線，沙灘上排著許多整齊的石頭堆，下去湊熱鬧的時候，卻慘遭沙蠅無情的攻擊。

在偏遠的地區油價偏高，要記得先加滿油，不要跟自己的荷包過不去。望著無盡的浩瀚星空，我們到了福克斯冰河（Fox Glacier）。冰河健行的行程有兩種：三個半小時的半日遊，與七小時的一日遊，個人建議參加全天行程，因為從入口處走到冰河大約要一個鐘頭，扣掉來回時間，半日行程等於只有一小時左右走在冰河上。打開車上的暖氣，這一晚睡得特別香甜。

極地探險

起了一大早整理行囊：食物、水、太陽眼鏡、厚棉襪、防水靴和高昂的鬥志，來到集合地點，好整以暇地等待出發。坐上大型遊覽車，前往福克斯冰河，一群人浩浩蕩蕩地走到冰河的入口處，看到巨大的冰河置身眼前，大夥兒不禁讚嘆連連。冰河就像是一條威武神凜的白龍，從山與山之間飛躍而上、騰空而起。

教練給了我們防雨外套以防大雨，防水背包可以放重要物品，說明了冰河健行的危險性和注意事項之後，進入了封鎖線，一般遊客只能走到這裡，只有在教練的陪同下，才允許走過去。接下來要從冰河旁邊爬一大段山路，抵達冰河的中下游區域才開始冰河健行。茂密的雨林、迎面而來陡峭的階梯，讓大家走得面頰紅潤、氣喘吁吁，中途休息時，我們喝著天然過濾的山泉水，大嘆歲月不饒人力不從心。

抵達冰河健行的起點後，教練教我們如何穿「冰爪」。冰爪可以讓我們平穩地走在容易滑倒的冰面上，加上有拐杖的輔助，其實和走在平地沒什麼分別。一路上，冰爪踏在冰河上所發出的清脆聲響，像是百老匯的打擊表演。來到由人力鑿出的冰河階梯，抬頭一看，數十階晶瑩剔透、閃閃發光的冰階，令人肅然起敬。

看著教練在前面拿著冰斧東劈西砍，外剛內柔巧勁似乎是西域伏魔刀法，這每一分的力道是掌握得恰到好處，多一分則太多、少一分則太少，冰斧所到之處斷面平整、所向披靡，不禁令人讚嘆人外有人、天外有天。

靈魂之窗

抵達階梯的最上層，來到了冰風之谷，回頭向下俯視，遠處的人們變成了細沙，融合在遍地的沙礫堆中。向上仰望，刺眼的陽光下冷風刺骨，有種「念天地之悠悠，獨愴然而涕下」的淒涼憂傷，我們越爬越高，膽量越來越小，踏出的每一個步伐都要小心翼翼，不要讓共振原理，賠上了大家的小命。

到了一片冰原，教練檢查再三後，我們席冰而坐，享用午餐。有人拿出露營用瓦斯爐煮泡麵，有人啃著麵包，我們則是拿出蕃茄鮪魚罐頭製作三明治。後來有個老爹在冰上挖個洞把可樂丟進去，於是我們有樣學樣，把帶來的櫻桃放進這天然的大冰箱裡。大家開始自我介紹，聊聊自己的國家、來紐西蘭的感想，像是同學會一樣。忽然聽到

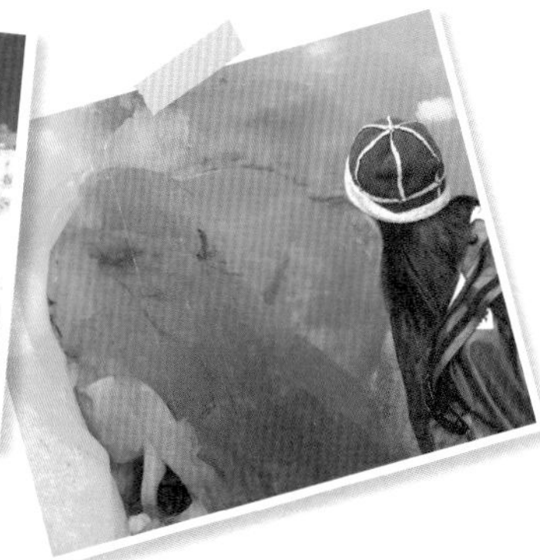

「咦？」的一聲，剛剛的老爹八丈金剛摸不著頭腦，怎麼可樂不見了？原來是飲料的溫度融化了冰塊，掉了下去，好在教練人高馬大，伸手往洞裡一探，才勉強將它從冰河中救出來。

養足了精神，大夥兒再度起程。經過了千奇百怪的冰河地形，來到了有「靈魂之窗」之稱的水晶洞，仔細凝視優雅的水藍色漸層，彷彿會將人的靈魂吸了進去。踏入這未知的世界，像是真實版的納尼亞傳奇，我是天龍國的井底之蛙，以為天龍國就是世界的縮影，此刻我處在虛幻的異次元，坐上了時光機，張大了嘴驚嘆，原來世界上這麼多地方如此新奇有趣。

不要把生命看得太嚴肅，反正我們不會活著離開它。

—亨利・福特

10 幸運不是在賭桌上拿到好牌，而是知道什麼時候應該離開

有人投資一夕致富，於是貪求更多，誰料到金融海嘯會來，結果債臺高築節食縮衣。人生總會遇到幾件好事，而遇到好事重要的是要知足，不是再加碼下注。

中國新年

結束了南島的環島行程，身體瘦痛的瘦痛、瘀青的瘀青，但是只要眼睛一閉上，浮現的就是滿滿的甜美回憶。滿足地開著山路回到基督城，懷念起都市熱鬧的街區，回到先前的民宿，卸下車上的行李。新朋友出來幫忙，舊朋友拿出香檳，我成了天橋下說書的，把一路上驚險、燦爛、勇敢、害怕的故事分成七集說給大家聽。無心插柳柳成蔭，與大家團聚的日子恰好是新年除夕，許久不見的熱情打敗了理智，冰箱裡放滿了晚上Party的酒精。中午大家約好一起吃團圓飯，地點是Pick'n Save超市後面的中國餐廳。

在遙遠的異鄉，吃著懷念的中式料理，拿起有些生疏的筷子，夾到的糖醋排骨掉到了我的湯裡。大家哈哈大笑，我牽強地解釋菜太鹹所以要過水去油膩，卻還是騙不了眾人雪亮的眼睛。年年有魚飄香，白米Q彈有勁，鮑魚鮮甜可口，燕窩沁涼入心，大家以茶代酒，乾杯一飲而盡。

相遇是靠緣分，相知是靠默契，圓桌前長幼有序，酒杯後沒有距離。拼盤五顏六色，「好呷尬會打積」，歡笑聲此起彼落，差點掀開了屋頂。

賭場風雲

吃飽喝足之後，接下來才是重頭戲。人人蓄勢待發，要到賭場翻開命運，在台灣對發票老是一A二B，看在這裡能不能大賺一筆，自古風水輪流轉，乞丐有一天也會變皇帝。

賭場不能穿拖鞋，也禁止穿吊嘎背心，女生要化淡妝，男生不能太小家子氣。門前有舞龍舞獅，進場的每一個人都贈送一個裝在紅包裡的金幣巧克力。

賭桌前人滿為患，像是馬祖繞境。我們於是往後走，先去玩吃角子老虎試試手氣，輕快的音樂讓人忘情，掉下的硬幣悅耳動聽。在賭場要收穫不是靠耕耘，而是對自己有沒有信心，手上捧著贏來的代幣，不曉得用Olivia的第六感算不算作弊，不同的機台有不同的眉角，但孤注一擲的決心都大同小異。

眼見賭桌前的人群稍散，我們決定進攻敵人大本營。我拿起青龍偃月刀，Olivia揮舞無雙方天戟，玩二十一點太過簡單，玩梭哈我們又不會看穿他人心裡，看見右前方有個大輪盤，轉盤上有各種圖案，只要押中轉盤停止時所指的圖案，獎金加倍奉還予你。將手中的鈔票換成籌碼，想像待會是上天堂還是下地獄。

我以機率的角度觀察，魚的圖案最多，賠率一：二贏面較大，所以押魚。Olivia以氣魄的角度出發，今年是龍年，所以押龍，轉盤上只有兩格是龍，賠率是一：二〇。下好離手！賭場少爺右手一轉，轉動了法老王的命運天秤，答──答──答──答！指針停下，仔細一看，竟然是「龍」。我的邏輯推理全軍覆沒，Olivia卻在短短十秒鐘賺了五千塊台幣。

在賭桌上，如果人輸了錢就不甘心，不甘心就會再找機會上訴，然後變本加厲。如果人贏了錢，嘗到了甜頭，爾後一定會不顧他人反對，把先前贏的都賠下去。所以在收手之前，所有的贏都不算真贏。

於是當我鼓吹Olivia繼續下注時，她把所有籌碼放入口袋，告訴我不要貪心，我如果不能控制慾望，第一個受害的就是自己。因為重要的不是拿到好牌，而是要知道什麼時候應該離席。現實生活中就有許多這樣的案例，有人投資一夕致富，於是貪求更多，誰料到金融海嘯會來，結果債臺高築節食縮衣。有人娶到賢內助平步青雲，卻貪圖更多青春的肉體，誰知道東窗事發，最後弄得子散妻離。人生總會遇到幾件好事，而遇到好事重要的是要知足，不是再加碼下注。

賭桌上，我輸了籌碼；賭桌下，我贏了人生領悟。原來快樂不是來自於追求，而是來自於滿足。

「我們去吃冰淇淋好不好？」Olivia問我。

「好啊！那……」我指著Olivia的口袋說。

「沒問題！我請客！」Olivia笑著說。

「耶！Olivia萬歲！」我高興得跳了起來。

10 幸運不是在賭桌上拿到好牌，而是知道什麼時候應該離開

飛向澳幣

民宿裡有幾個台灣朋友已經在澳洲工作過，所以我們連忙向他們請益。我們一起吃晚餐，仔細聆聽別人的際遇，D朋友待過農場，知道農場工作的艱辛，他諄諄告誡我為了我的腰著想，不要去香蕉、冬瓜、西瓜、南瓜農場。S朋友說可以參考「陽光追逐計畫」，這是一本政府發行的參考手冊，有各地區各農作物各時期所需要的人力。J朋友說他在墨爾本附近小鎮的資源回收廠做垃圾分類，時薪頗高而且還可以撿到iPod，只是必須忍受惡臭和手容易受傷。耳聞農場工作的競爭激烈，我們先做好心理準備。下下策就是住進工作旅社（Working Hostel），多付一些錢給當地業者幫我們找工作機會。

既然人生任何值得做的決定，在做的當下心裡都是猶豫的，我們就來個兵來將擋，水來土淹，一邊打包行李，一邊規劃路線。我們決定先去昆士蘭，在布里斯本住上幾夜，走一步算一步，也不需要太杞人憂天。

澳幣，我們來了！

10 幸運不是在賭桌上拿到好牌，而是知道什麼時候應該離開

11

如果意見容易一致，那麼世界上就不會有賽馬了

人的判斷力像是手錶，
世上沒有兩隻錶能走得完全一樣，
但每個人都相信自己才是對的。

初來乍到

選擇先到布里斯本有很多原因，一來是因為昆士蘭有很多農作物，一來是這裡華人很多。下了飛機，搭車到了預先定好的共享住宅（Share House），顧名思義就是幾個人住在一間房子，共同分攤房租。這年頭大家都很精，一間雙人房要住四個人已經不足為奇，怎麼辦？訂金都付了，隨遇而安吧。

我們一邊搬行李，一邊和其他背包客打招呼。打理好一切、認識新環境，和Olivia去附近逛逛，買買特價的冰淇淋。澳洲的超市和紐西蘭如出一轍，所以沒有適不適應的問題。

請教別人找工作的方向，一個說往北好，另一個說往西好，一個說要買車，另一個說搭巴士就好，人的判斷力像是手錶，世上沒有兩隻錶能走得完全一樣，但每個人都相信自己的才最可靠。前輩的意見當然要採納，但重要的是自己要去判斷，自己要去思考。會願意放下一切來澳洲工作的多半是有主見的人，當許多有主見的人聚在一起，各有各的想法、各有各的堅持，要同心齊力談何容易。

幾個有經驗的背包客在開辯論會，我們靜靜地聽、靜靜地學。當有陌生的、更有經驗的、更了解的人在座時，最好少說話，因為如果我們多說了，那便是同時做了兩件錯事：第一，我們揭露了自己的弱點和愚蠢。第二，我們失去了一個獲得智慧及經驗的機會。

下午申請了工作稅號之後，我們到了素有「小台北」之稱的新利班區（Sunnybank）辦理銀行開戶、開通手機門號。聽見熟悉的中文，食物還是家鄉的好，這裡有很多中國超市，多付一些錢就可以買到來自台灣的泡麵和調味料。

是非之地

來澳洲第一件震驚我的事，是一個在半夜兩點鐘、房東破口大罵把房客轟出去的吵架聲。

「怎麼了？」我走出房門問。

「不知道，太誇張了吧！」隔壁的室友說。

「哇！樓下菸味好重！」我說。

「正常啦！房東常打牌邊抽菸到凌晨。」室友說。

一個住在這比較久的背包客說，這間房子的房東住在三樓，二十五歲左右，房子是他爸爸買給他的，他平常抽菸喝酒，就靠租房間給台灣背包客賺生活費，網頁維持得不錯，所以一直都有人來這裡住。他白天睡覺，晚上打牌，所以天花板煙霧彌漫。和房東吵架的是一個台灣男生背包客R，可能是因為房東聊天聲音太大，所以R去反應時，喝得半醉的房東就和他的三、四個兄弟們開始幹譙。樓下的客廳吵得沸沸揚揚，樓上的我們幾個聽著幾個月前的八卦。

「你不爽的話現在給我搬出去！」房東說。

「我錢已經付了，而且現在是半夜兩點。」R說。

「你的錢我不希罕，拿去！現在給我走。」房東大聲說。

「你如果敢趕我，我就要公布你的惡行。」R說。

「X，恁爸怕你喔，現在給我滾！」房東大吼。

後來，R打包了行李，用力地關了門，走了出去。凌晨兩點半，他能去哪裡？我和Olivia都說這次住宿是踩到了地雷，心想趕快收到政府寄來的稅號，我們要趕緊離開這個是非之地。

寄人籬下不得不低頭，我堂堂三尺男兒，竟然孬得不敢吭氣。旁邊的人在抱怨，但抱怨又解決不了問題，雖然我們的確很傻眼，但真的無能為力。社會是個大染缸，一不小心就可能會送命，來澳洲才二天，我就參透了「珍惜」的真義。

把挫折當早餐

隔天，我們帶著在台灣印好的履歷表，去市區毛遂自薦找工作。十多分鐘左右的車程，單程票是三．八澳幣（約一百一十新台幣），澳洲的物價很高，貴死人不償命。到了市區，一邊Window Shopping，一邊到店裡介紹自己，但不是吃閉門羹，就是直接被趕出去。我跟Olivia說我們是台灣的原一平，挫折是我們的早餐，等一下再接再厲。一整天下來，收集了不少「人材卡」（很抱歉，您是一個很棒的人材，只是敝公司沒有適合您的職缺）。

市區附近有兩所大學，有大學就有很多大學生，有很多學生應徵工作就競爭激烈，要找到一份兼顧收入與興趣的工作，著實不容易。

背包客A因為長期找不到工作，索性把帶來的錢拿去旅行，三個月錢花光了就回台灣。背包客G眼看存款就要見底，而心目中的好工作都不缺人，只好去中國餐廳做黑工洗碗，做黑工沒有勞保，出意外要自己負責，而且薪水很低，時薪大約九澳幣（一般是十五澳幣左右）。她洗了兩個禮拜的碗，覺得手腕不舒服想要離開，黑心的老闆竟然還扣她三天薪資，說是餐廳的訓練費用，洗碗要什麼訓練？我還是第一次聽到。無奈黑工沒有保障，告到政府，政府也不會受理，所以急需錢的背包客，就常常這樣被剝皮。我和Olivia說，不論在澳洲我們有多困苦，都絕對不能去做黑工。

飆風再起

在澳洲，沒有車就像沒有腳一樣。前幾天為了省公車錢，我們走路去市區，足足在太陽下走滿四十五分鐘，汗流浹背地走進商店裡，想起當初落魄的模樣，難怪沒有被錄取，有一次去郊區一個台灣人開的柿子園應徵，下了公車後還走了四十多分鐘才到。找工作沒有新的進展，但蒸發在柏油路上數不清的汗水，讓我們領悟一件事情：我們要買車！

找工作是一門學問，買車又是另一門。因為一個不小心，就會買到地雷車。一個歐洲青年要賣車，他說他的車環遊澳洲一圈都沒出狀況，這時候我如果跟他認真，我就是頭腦有問題。一個印度人要賣車，問他怎麼保養，他吱吱嗚嗚地顧左右而言他。網路上要賣的車子很多，每一台都經過美化包裝。

考慮到之後可能會克難一點睡車上，我們希望車子大一點，因為是我們人生第一台車，所以品牌要特別一點。最後，我們買了Holden三．八L、寶藍色的旅行車（Wagon）。請教了如何檢查五油三水、如何更換機油，車主還送我們保冰箱、雙人帳篷、床墊、鍋碗瓢盆和攜帶式瓦斯爐。辦完了過戶、到RACQ（Royal Automobile Club of Queensland）加入道路救援。買了可以增進旅途和諧的GPS，Olivia就不用再為了看不懂地圖而跟我拳腳相向。三．八引擎強大的馬力，猶如凰牙的二段推進器，油門踩到底，還可以進入零的領域。

待在布里斯本的第六天，我們收到了稅號和銀行金融卡，收拾了行李，跟房東拿回押金。出發前大家給了我們很多建議，幾個資深的背包客又辯論了起來，回想起過去幾天，我們經歷了許多事情：背包客們意見不合、半夜有人被趕出去、市區應徵不到工作、走路像在健行、辦好了稅號、買了人生第一台車，要離開這個地方，我們心裡雀躍不已。

設定好GPS，我關上駕駛座的門，放下手剎車，接上iPod，向未知的挑戰出發，離開這不算舒適區的舒適區。

試玉要燒三日滿，辨材須待七年期。

—白居易

12

如果沒有人替你開門，就要自己去開那扇窗

生活中有很多的不順心，但我們不能坐以待斃。危機就是轉機，努力就是回憶。如果沒有人開門，窗戶我們要自己去開啟。

現實世界

離開了繁華都市，進入了鄉間小鎮。現在是蘋果的採收季節，我們沿路看到農場就進去詢問，看到背包客就過去打聽。比較小的農場沒缺人、比較大的農場要被仲介抽成。我們嚮往自由，喜歡靠自己找工作，一路上吃吃喝喝、走走停停，也別有一番風趣。

來到了斯坦索普（Stanthrope），看見許多背包客在路邊排隊，前去詢問後得知這是一個當地免費的人力仲介，農場主人會把人力需求送過去，再由仲介安排人員去上班。我和Olivia填了表格、影印了護照，拿到了牌子「二〇七」、「二〇八」號，看著長長的人龍，心想要等到天荒地老，我們希望能快一點上班，但事情總有先來後到，拿了小鎮的免費地

圖，我們要去農場掃街拉票。

農夫們很直率，不是放狗追我，就是直接要我「Get out」，天色漸漸變黑，下一步還沒想到，多虧在紐西蘭有睡車上的刻苦歷練，所以我們並不煩惱。把旅行車的後座打平，移一下行李，鋪上床墊，就是進入夢鄉的搖籃曲，因為空間很大，所以可以伸直雙腳躺平，加上有枕頭、iPod Touch，雖然不知道明天會如何，但我們會堅持到底。

創業之路

人生的道路雖然漫長，但關鍵處卻往往只有幾步，我們不能老是等待，所以要主動爭取。得知這個小鎮將在週末盛大舉辦兩年一度的「葡萄蘋果節」，先是到文具店買了彩繪用蠟筆，再去找活動主辦單位。既然沒有人僱用我們，我們為什麼不自己搞創業。

對方的避而不見只是前菜，婉轉拒絕才是招牌，我們有禮貌地死纏爛打、鍥而不捨，才見到手握重權的關鍵人物（Key Man）。只是租借活動攤位需要一筆高額費用，我們負擔不起。我說我們目的不是為了賺錢，而是要一起共襄盛舉，我拿起畫筆畫了幾個可愛的圖案，說服對方我有熱情、有能力。

創業的第一天就要非常明白自己到底想要什麼，現在做的，是不是自己真心想做，而且願意拋棄一切去做的事情。因為在創業途中會遭遇很多人的阻擋、品頭論足的壓力，而能夠抵擋壓力、指責的，只有對夢想的熱情。

最後，他終於答應我不必租攤位，只要付一筆營業費用，我就可以在兩天的活動期間做生意，附帶條件就是我收費不能太高，要帶給小朋友開心。於是，我和Olivia創立了人生中第一家公司：L&O Face Painting（臉部彩繪）。星期五的晚上，我們製作立牌、海報，星期六的早上，我們起了大早，帶著畫筆，要幫可愛的小朋友做人臉彩繪。因為天空下著細雨，所以人潮不如預期，旁邊的奶奶牽著孫子看我，我說我可以說英語，如果不嫌棄，我可以免費幫妳的孫子畫畫、讓他開心。我幫他在臉上畫了汽車，他高興地叫我爸比。隨著口碑傳開，收費又很便宜，陸續有爸媽帶著小孩，給我加油打氣。一邊欣賞活動遊行，一邊用賺來的錢買咖哩，結束了一天悠閒的工作，只能勉強把支出打平。慶祝的煙火有配樂陣容華麗，可以媲美台北一〇一。我們回到車上，希望明天再接再厲。

隔天一早的陽光刺眼，星期天是個好天氣，我們振作精神，走向公園遊樂區。因為昨天下雨，我把攤子設在人行道，所以沒有辦法接觸到太多潛在顧客群。今天公園有演唱會，還有大型溜滑梯，所以Olivia建議我，哪裡小孩多，我們就往哪裡去。多虧天公作美，很多小孩跑來跑去，我才剛坐下，就有小朋友來找我Face Painting。我的手從沒停過，Olivia安撫後面排隊的小朋友情緒，我是孩子們的偶像，像是剛攻下波斯的亞歷山大大帝。

後來有幾個未成年青少女走過來覺得很有趣，一個拉起上衣要我畫派大星在她的肚皮，一個拉下牛仔褲要我在股溝上畫海尼根酒瓶，沒想到世界上竟有這樣的好工作，有錢賺還能接觸青春的肉體，Olivia看我笑得很猥褻，警告我針眼殺人不償命。後來有人找我畫海綿寶寶，是兩個理平頭的兄弟，他們脫掉上衣，我就畫滿身體，因為畫得太好，父母多給我小費直呼撿到便宜，眾人圍觀他們，讓我有做不完的生意。

夕陽西下，我們口袋裝滿硬幣，畫了一百多位小朋友，我的手都沒有休息。口袋沉重的感覺真好，一共是一百五十八澳幣，買了打烊前特價的牛肉漢堡，我們快樂滿足幸福無比。小朋友天真可愛的表情，讓我們體會到原來工作可以有意義，而且還能同時兼顧當下的樂趣。

生活中有很多的不順心，但我們不能坐以待斃。危機就是轉機，努力就是回憶，如果沒有人開門，窗戶我們要自己去開啟。

13 沒有功勞，也有苦勞；沒有苦勞，也有疲勞

在辦公室，有舒服的冷氣，有完善的福利，動動嘴巴甩甩原子筆，三點喝杯咖啡，下班去唱KTV，晚上回家泡澡，睡覺直到天明。

在農場裡，有熱浪會來襲，沒有保障年薪，肌肉痠痛鍛鍊意志力，三點汗流浹背，下班狂噴肌力，晚上回家復健，睡覺噩夢驚醒。

喜出望外

只要面帶微笑，好運就會一直來。多次回訪人力仲介公司，裡面的人都認識了我和Olivia。我們和其他背包客不同的地方是我們從不抱怨、也從不覺得生氣，我們總是聊聊天氣，談談週末的假期。打好了關係，原本排在二〇七、二〇八號的我們，因為內線交易，竟然得到了工作。

「Layton、Olivia，你們又來了。」仲介小姐J說。

「對啊，今天忙不忙？」Olivia說。

「忙啊！哪天不是如此。」J說。

「你們有沒有看前天晚上的煙火？」我問。

「有啊！超美的！」J說。

「對了，剛才我們接到電話，有一個草莓農場要徵兩個人，既然你們在這又有汽車，有沒有興趣？」J說。

「有！有！有！」我們喜出望外。

她給了我們如何到農場的地圖，明天一大早開始上班。利用下午的時間，我們住進了車屋公園的露營區。選了一個平地，看看有沒有火蟻，搭起了帳篷，卸下了行李。第一次在澳洲露營處處充滿新鮮感，像參加畢業旅行，公用的廚房很小，冰箱的裡面很擠。露營區可以看到許多各國的背包客，有的坐在躺椅休息，有的踢球打屁，來自日本的次郎在小黃瓜園工作，兩個台灣的女大學生採了一個月的青椒接力。人多煮飯就像作戰，吃飯就像落難，如果不一邊動動身體，蚊子也會來吃大餐。洗完澡的夜晚分外寧靜，月光皎潔地讓人窒息。

靠腰的草莓

隔天一大早，我們煎了蛋做了三明治當作午餐，開車前往工作地點，開始了中韓大戰。這個草莓農場不算小，韓國人與台灣人的比例約等於二：一，寫好了員工資料，戴上口罩、手套，口罩是防止吸入過多灰塵，手套是不怕摸到草莓噁心爛掉。坐上小推車，開始把草莓摘到籃子裡，要採的多，腰要夠彎，手要夠快。稅前的時薪是十八澳幣，第一週領的六百澳幣薪水讓我們衣食無虞。

台灣背包客約有十來個，所以休息時大家會聊在一起。沒有車的幾個女生住在農場旁的屋子，我們偶爾去串串門子、吃吃她們研發的料理。在草莓農場工作還有一個好處，就是可以免費拿二等草莓回家享用、做做果醬、搭配鬆餅。我們也常帶著一大籃草莓，分送給對我們有恩的J小姐、各國的背包客，大家也會回送我們許多吃不完的青椒、小黃瓜來投桃報李。

農場工作的生活早睡早起很規律，比較難熬的是全身痠痛和酷暑難耐的天氣。以前在辦公室，有舒服的空調，有完善的福利，平常動動嘴巴甩甩原子筆，三點喝杯咖啡，下班可以去KTV，晚上回家可以泡澡，睡覺直到天明。現下在農場裡，有熱浪會來襲，沒有保障年薪，靠著肌肉痠痛鍛鍊意志力，三點汗流浹背，下班狂噴肌力，晚上回家只能休息，睡覺還會噩夢驚醒。在農場工作就算沒有功勞，也有苦勞，就算沒有苦勞，也有疲勞。

工作時間越來越長，我的腰越彎越低，說起來也真丟臉，我是台灣最沒用的憲兵。每天彎腰八小時的下場，就是蹲下卻無法自己站起，我的腰必須靠雙手支撐才能挺直，走路必須咬緊牙齦。勞力工作的辛苦讓我學會感謝父母多年的付出，戶外工作的嚴峻讓我學會珍惜台灣企業對員工的用心。

有緣無分的工作

工作的第三週，不再是領時薪，而是以採收量決定。採得越快，錢就越多，所以大家都卯足全力。韓國朋友蠶食鯨吞，台灣朋友始料未及，這是弱肉強食的世界，沒有人在乎什麼國際禮儀。我使出逍遙派飛龍探雲手，Olivia的太極八卦掌也用不著我操心，我們一天

各採收了一百二十一公斤的草莓，擠進農場快手中的前三名。

中午用餐大家開開心心，卻傳來有部分人員被裁員的消息。草莓進入了成熟階段，所以不需要這麼多人力。採得太慢的人先走，曾經不服從指導的也被點名，這些人下午就要離開，沒有所謂《勞基法》中的預告期。老闆輕描淡寫，沒有轉圜餘地，留下來的一臉錯愕，被選中的忿忿不平。我們雖然沒有被列在裁員名單，但雀屏中選也只是遲早的問題。

整個星期努力地採，透支了全身的體力，陸續又有人離開，剩我們獨撐大局。這樣冷酷的環境有什麼值得留戀？我窮得剩下錢而已。我的腰痛越來越嚴重，Olivia的手也開始過敏，痠痛貼布越貼越多，過敏藥膏越用越勤。我們雖然十分珍惜這得來不易的工作，但緣分盡了強求又是何必？

我們提出了辭呈，老闆說不同意，如果是嫌錢太少，他願意給我們加薪，但我說請看看Olivia過敏的手，這樣的工作我們不能再繼續。他擔心的是將沒有足夠的人手採收，我擔心的是我們的身體。今天我們不離開，採收完成之後，也會是相同結局。與其多拿一張犧牲快樂而換來的支票，不如有尊嚴地轉身離去。

眼看放棄了高薪，朋友笑我頭殼壞去。我倒不這麼想，腦海中浮現了唐寅寫的詩句：

桃花塢裡桃花庵，桃花庵下桃花仙。
桃花仙人種桃樹，又摘桃花換酒錢。
酒醒只在花前坐，酒醉還來花下眠。
半醉半醒日復日，花開花落年復年。
但願老死花酒間，不願鞠躬車馬前。
車塵馬足顯者事，酒盞花枝隱士緣。
若將顯者比隱士，一在平地一在天。
若將花酒比車馬，彼何碌碌我何閒。
別人笑我太瘋癲，我笑他人看不穿。
不見五陵豪傑墓，無花無酒鋤作田。

回到露營區，我忙著收起帳篷，Olivia打掃車裡。這段勞動的經驗很珍貴，也讓我們更加認識自己。

每滴汗水的背後，都是努力的結晶。所以後來每當我們在超市看見新鮮的農產品，就會在心中為這些辛苦工作的人們獻上最高的敬意。

14 累了，可以休息一下，但是千萬不能放棄

別放棄，或許你曾做錯事情，或許你債務很高，存款很低，或許你想微笑，可是只能嘆息，累了，可以休息一下，可是千萬不能放棄。

繼續前進

恢復了自由身，擺脫了賺錢壓力，存了一點錢，可以稍微喘口氣。看見BIG W超市在特價，我們買了超值的特福鍋具。在圖文巴（Toowooba）改裝了我的愛車，在當地復活節活動A到了許多日用品。到市區打探工作機會，並沒有令人振奮的消息，我們知道，累了可以休息一下，但是千萬不能放棄。

經過了中國城，就去買買泡麵；經過小吃店，就順便吃吃甜點。我們的旅行充滿感恩、十分愜意，因為在紐西蘭的兩個月磨掉了不少脾氣。前往郊區的農場應徵，結果也只是差強人意，我們知道，累了可以休息一下，但是千萬不能放棄。

到了布納（Boonah）小鎮偏遠的水果罐頭加工廠填寫履歷，裡面的員工在玩手機，我們順其自然不以為意。凡事講求緣分，有些事要靠運氣，累了可以休息一下，但是千萬不能放棄。

千里迢迢到伊普斯威奇（Ipswich）的牛肉工廠面試，原本興高采烈地走進大門，卻忽然看見一台載滿牛的卡車開進來，望著他們無辜的眼神，我們於心不忍地離開這裡。我們也許累了，但從沒想過要放棄，成功或許很遠，或許只有一步之遙，雖然走得很慢，但總有一天會走到。

開源「節流」

開源有很多方法，比如多做幾份工作；節流也有很多方法，可以請教達人專家。來澳洲之初，我養成了一個習慣，而這個習慣用得正確的話，至少可以幫人生省下十萬元。這個習慣

不是什麼祕密，就是在睡前「正確」使用牙線和漱口水，如此簡單而已。

在澳洲看醫生很貴，動不動就是上千台幣起跳，加上治療的話，上萬塊也是稀鬆平常，就算是在台灣，做假牙、根管治療也是不小的負擔。出國前，我拔了三顆智齒，補了八顆蛀牙，醫生告訴我，如果出國超過一年，一定要養成用牙線、漱口水的習慣。於是我仔細請教了牙線的使用方法，一直持續到今天。實驗證明，就算是用最高級的超音波牙刷，還是要靠牙線才能清出齒縫中的食物殘渣。我們試想一下，如果把食物放在室溫下一整天，是不是會有惡臭？那如果食物殘渣在牙縫中待了一天，口氣又怎麼會清新？怎麼能不蛀牙？

因此，養成用牙線的習慣後，不僅可以減少口中的異味，又可以為人生省錢，何樂而不為？

前輩的建議

抱著不放棄的決心，我們來到傳說中背包客的聖地加頓（Gatton），拜會了搶錢不眨眼的拔蔥大將軍。這裡可以砍生菜、拔蔥、採收南瓜、蔬菜，還有許多室內的包裝工廠肥缺。但可以賺錢的地方就會有陷阱，不要為了找工作而加入需要簽約的黑心人力仲介，最後賠了夫人又折兵。

加頓的車屋公園有許多工作機會，只要凌晨五點起床站在入口馬路前面，就會有幾個工頭開著小包車前來選妃，可以體驗酒店小姐被客人挑選時心裡五味雜陳的箇中滋味。被選到的當天就有工作，沒選到的就回家睡回籠覺，所以每個人必須極盡諂媚地引起印度、巴基斯坦、澳洲工頭們的注意，沒有人穿針引線，白白浪費個三、五天也是常有的事情。所以為了攀龍附鳳，有人犧牲肉體也不足為奇，我親眼見到一個之前認識的台灣女生，為了某種原因，整個人緊緊貼在一個澳洲工頭身上百般嬌媚，後來他們同進同出，於是工作也變得非常「穩定」。也聽說有日本女生為了保住工作而住進工頭的家，卻在夜深人靜時被占了便宜。單身女生來此，請務必格外小心。

我自己有一次站壁的經驗，凌晨五點站在寒冷的天氣裡吹著冷風，印度工頭看我不順眼，我拚命舉手、用力撕吼，他還是無動於衷。後來的巴基斯坦工頭要選人去拔蔥，我大喊「選我！選我！」，可惜這不是百萬小學堂，所以我又跟機會擦身而過。最後澳洲工頭來選人，也是先選熟面孔，我賣相不佳所以百感交集。但好巧不巧我竟然遇見之前認識的一個日本朋友，多虧他替我向澳洲工頭美言幾句，才讓我今天的工作有著落，只是澳洲工頭說第一輪已經選滿了，要一個鐘頭後才會回來載我去上工。其他的背包客聽到沒被選上，紛紛失望地回去找周公。我就站在微亮的凌晨呼氣取暖，等待是如此地漫長。我知道今天將是辛苦的一天，但是我不會輕易放棄。

坐在小包車上，左搖右晃地像是無助的浮萍，我是待宰的牛肉，不知道要被載去哪裡。旁邊的英國背包客帥哥說我們今天算幸運，第一組人去搬會斷腰的南瓜，我們只是去除草，是難得輕鬆的好工作。拿起鋤頭，一邊除草，一邊和其他人聊天，大家也都說這是最輕鬆的肥缺，可遇不可求。因為除草沒有時間壓力，可以聊天，領的是時薪，不像其他採收工作以量計酬，累得沒有時間呼吸。我竟然如此幸運，第一次就被我遇上這樣的好事。前輩說在工頭下工作，薪水會被抽成，再扣掉小包車來回的車資，其實賺的不多，而且早上常沒被選上也是稀鬆平常的事情。他建議我有車的話，可以

去找室內的食品包裝廠工作，不用曬太陽，工作時數又穩定。我點頭稱是連忙道謝，像在茫茫大海漂泊的破船，忽然看見了遠方燈塔的指引。

前面兩個妙齡金髮女孩在塗防曬乳，脫得只剩內衣，互相幫對方抹背後，把我們這群男生當成空氣。我問隔壁的英國帥哥現在是什麼情形？他叫我不要說話，靜靜地欣賞眼前這稍縱即逝的美景。

三顧茅廬

找工作難，找到工作更難，找到喜歡的工作最難。那天結束除草工作後，坐在回程的小包車上，和各國的背包客擠在一起，車上的氣氛不像是回家，比較像是去監獄。生命應該浪費在美好的事物上，人生的路我要自己去追尋。於是我把昨天凌晨吹著冷風等待別人選我的經驗、英國朋友的建議告訴Olivia，堅定了我們要去食品加工廠工作的決心。

問了當地人幾家大型包裝廠的地址，我們直接開車過去找老闆，有些工廠很偏僻，GPS上也沒有相關資訊，只能一邊迷路，一邊苦笑嘆息。幾次的寒暄自我推薦雖然無功而返，但是我們從對話中了解了包裝工廠的生態與環境。

最後一個希望是當地最大的蔬菜工廠魯格比農場（Rugby Farm），我們前去應徵，管理人W小姐說現在大家很忙，明天早上凌晨三點半再來找經理應徵。三點半？是的，就是天還是一片黑的凌晨三點半。隔天，我們睡眼惺忪地起床去找經理，經理R先生是大塊頭的澳洲人，我們表明來意之後，他看我也沒看我一眼，「丟」了一支筆給我，叫我寫下名字電話後說「有缺人會通知我」。我心裡忿忿不平，受了這般屈辱還要我低聲下氣，我差點就要變身超級賽亞人三，是Olivia提醒我要忍辱負重，才沒讓我的血輪眼覺醒。我寫了名字電話，有禮地奉還紙筆，受委屈讓我的韌性增加，胸懷可比韓信。人生充滿無奈，但我不會放棄。

一個星期之後，沒有任何消息，我們越挫越勇，把挫折當成是草莓鬆餅。今天再一次三點半去應徵，R先生翹著腳喝著咖啡，一副愛理不理。或許他是天大好人，這樣做只是為了考驗我的耐心。走出了他的辦公室，我們再一次留下電話姓名。

然而又過了一個禮拜，我開始懷疑是不是手機沒有收訊？這一次我睡在他們停車場，凌晨三點我們再接再厲。Olivia要我回想當業務時的技巧，如何才能吸引買主注意，誠實固然重要，但偶爾也要昧著良心，我們就是商品，要想盡辦法把自己推銷出去。這次我從對方的角度出發，讚賞他頭腦聰明日理萬機，看著桌上擺的照片，我們聊了半個鐘頭的育兒經。他驕傲地說他養了兩匹賽馬，在市區開了一家美式餐廳。要來應徵的事我一個字也沒提，聊天的最後他附上了一個「明天開始上班」的消息。千穿萬穿馬屁不穿，甜美的話不是只有皇帝老兒才愛聽。要找到工作也不算太難，一點點運氣、一點點馬屁，還有堅持到底不要輕易放棄。

15 先求有，再求好；先交流，再交心

坐在一邊等著、看著、不行動，永遠不會犯錯，但也永遠不會成功。人生最大的錯誤就是不犯錯誤，最可怕的錯誤就是犯相同的錯誤。不要想一步登天，先求有，再求好；先交流，再交心。

成為小組長

與先前戶外的農場經驗相較之下，室內的包裝工作輕鬆很多，不必忍受烈日曝曬，沒有強烈的身體負擔，誇張的是時薪竟然還比我們採收草莓時的薪水高，平均月薪是新台幣八萬元，年薪約九十六萬。幾個月下來存了些錢，非但沒有腰酸背痛，甚至連汗也沒流過幾次，可是說是夢幻工作的前三名。

工廠裡有幾條不同的產線：四季豆、玉米、花椰菜。四季豆產線是最輕鬆也最沒挑戰的，站在產線上，把變黑、破損、壞掉的四季豆，從源源不絕的輸送帶上挑出來，只要眼明手快就可以勝任這份工作，熟練的話還可以回想往事、放空休息，偶爾會聽到尖叫聲，因為輸送帶上有時會出現青蛙、小動物的屍體。

玉米產線上，男生負責擺放玉米送進機器去頭去尾，講求的是快、狠、準，才能切出漂亮的玉米，女生則是負責剝玉米皮，然後整齊擺好包裝送出去。

花椰菜產線很刺激，女生負責切花椰菜整理賣相，男生一個負責把花椰菜裝入箱子、一個負責秤重倒入冰塊、一個負責用膠帶封箱、最後一個負責把箱子整齊堆好準備出貨，誰的動作太慢就會被淘汰出局。

後來會當上小組長也不是因為我能力特別強，只是因為每天早上我會主動向大家說早安而已。因為和主管、澳洲媽媽問好，久而久之大家就對我有些印象，聊天的過程他們知道我英文溝通沒問題，就漸漸地交給我其他的工作，當所有交付給我的事都能順利完成，自然就成了小組長。我的心得是，先求把事做完，再求把事做好，把事做好之後，機會自然會來敲門。

群雄割據

在這裡工作的韓國人約為台灣背包客的五倍，另外還有一些來自歐美日港的年輕背包客，從用餐地區餐桌的劃分，就知道我們寡不敵眾、孤掌難鳴。進了人人稱羨的公司，下一個挑戰是如何在夾縫中求生存。看似平和的表象，其實每個人都有自己的問題。

幾個香港女生為了男朋友偷吃的問題困擾，一個台灣男生為了之前喝酒開車、駕照被警察吊銷的事擔心，一個義大利背包客為了買車的錢努力，還有一個日本女生牙齒痛得需要去看昂貴的牙醫。

工作的生活有點現實，如果不能帶給別人利益，別人又怎麼會願意花時間與你應酬交際。一知道誰有開車，許多人就會過去獻殷勤，交朋友就是這樣，實在很難分得清別人是意有所圖，還是一片真心。

台灣人要團結真的有點困難，因為從小到大的聯考是訓練我們如何打倒對手，所以忽然要大家攜手合作，還真是一件不容易的事情。旁人羨慕我們能進到最大包裝廠工作，卻不知道這裡大家心懷鬼胎、群雄割據。我不是秦始皇，可以統一度量衡和六國貨幣，我們只希望能享受工作存點小錢，沒有野心想要推翻滿清。

相較之下，韓國人看起來團結很多。儘管熟識之後，他們也是有很多小團體，但他們以年齡掛帥，誰的年紀大誰就能發號施令。所以第一次見面就是互相詢問年紀，韓國的文化就是注重倫理，難怪傳言說南韓人心裡受壓抑，常有人會逃兵。我們不奢望和所有人成為好朋友，因為我們知道先交流，才能交心。

格鬥天王

工作期間，Olivia是我最好的朋友。在這裡的好處是玉米、花椰菜可以無限吃而且不用花錢，Olivia研發了很多新奇的吃法，讓我每天享用午餐都嘖嘖稱奇。每天吃得健康，生活無憂無慮，工作中能享樂，享樂中能盡興。白天日出而作，晚上日落而息。

這裡每天都會輪調工作，所以大部分韓國年輕人都還願意對我這個快三十歲的人帶有三分敬意。輕鬆的工作大家都想做，但就是有些強勢的泡菜會使喚別人，把同組的當作奴隸。有一次，我和一個韓國壯漢兩人一組搬箱子。

「嘿！新來的，我沒看過你，你幾歲？」壯漢說。

「我三十歲，怎麼了？」我回答。可能是我年紀比他大，所以他稍微客氣了一些。

「搬箱子我比你熟，我來搬就好，你去負責收集垃圾跟拿空箱子給我。」壯漢用一種命令我的語氣說。不知道是不是他英文文法不好，不懂命令句和祈使句的不同，如果對方當時是好好地講，用比較溫和的口氣，或許我會笑笑地接受。但他目中無人的態度讓我歸蘭趴火，讓人很難咽下這口氣。

「為什麼？既然兩個人一組，就是兩個輪流做，哪有誰發號施令的道理？」我仰著頭看著他說。

「這箱子很重，你搬不動，我是把輕鬆的工作讓給你，你竟然還不要！」壯漢說。

「我一定搬得動，而且你不是我的主管，沒有資格命令我。」我說。

「新來的，你來多久？」壯漢說。

「我來多久不干你的事。」我說。

「FxCK！我在這半年了，你要聽我的。」壯漢說。

「哼，這裡是澳洲，不是韓國，我不吃你家文化那一套。」我眼睛冒著火說。

「Fxxx you！Fxxx you！」此時壯漢衝過來抓起了我的衣領。

他當他是金卡法，那我就是草薙京，他如果是地方惡霸，今天我就是廖添丁。我使出當年輔導長祕傳我的擒拿法，雙手往他兩手腕中間一撐，反手一轉，化解了他的破爪功，我向後一跳，與他怒目而視。

旁邊的幾個澳洲媽媽們趕緊停下手邊的工作跑去抓耙子，他大吼了一聲衝了過來，使的是硬家子的武功，這一招「泰山壓頂」迎面襲來，聽見掌風陣陣，我暗暗心驚，當下左手勾使，右手盤拿，即刻在空中畫了一個大圓圈，使出丐幫絕學「亢龍有悔」，兩掌相接，自是石破天驚。雖然對方連退了數尺、亂了呼吸，但我的右手卻也不停顫抖、一時痲痺，情勢危急異常，自己丹田之氣尚未穩住，韓國壯漢使出「龍象般若神掌」直撲而來，我潛心運起「空明拳」心法，卻因為動了真怒而靜不下心，無法使出在紐西蘭領悟的最終奧義「無色無相」來以柔克剛，於是心念一轉，使出「化骨綿掌」，心想我這化骨綿掌功夫雖還不到家，但要挫挫對方的銳氣自是綽綽有餘。

「你們兩個給我住手！」千鈞一髮之際，W小姐大叫。接著有幾個人來把我們拉開，韓國壯漢旁邊站著幾個他的好朋友，我的身後卻沒有半個人影，大嘆自己人緣不好，沒有人願意情義相挺。縱使我有天降神兵，又如何抵得過對方萬馬千軍？

「你們是想進警察局嗎？敢打架。」W小姐說。

「是這小子不聽我指揮。」壯漢氣憤地說。

「指揮？你以為你是誰？」我拍拍身上的灰塵說。

後來一個冷靜的澳洲媽媽向W小姐解釋了緣由，然後把我換到別組去工作。中午休息時，那個壯漢跟幾個韓國人竊竊私語，不時看著我和Olivia，讓我們不寒而慄。心想大不了換工作，我這輩子不看韓劇。

讓人無奈的是，因為W小姐單身年約五十好幾，喜歡年輕人主動逢迎，而這個壯漢有一個好朋友假日常進出W小姐的家，並非一般的交情。所以最後的結局是W小姐告訴我，如果我再犯，就不能待在這裡。

難怪禁軍八十萬教頭林沖會去落草，難怪精忠報國的岳飛會被冠上莫須有的罪名，如果這個世界判斷對錯是靠關係看後台背景，那多少英雄好漢能伸張正義而不喪命？小組長的肝膽塗地又如何能抵過小情人的甜言蜜語？那一天，我領悟兩件事情。第一、經驗和教訓比鈔票可貴。第二、做人比做事重要。

那天之後，和我同組的韓國人都會先讓我選工作，說話語氣和眼神充滿了尊敬。我笑笑地說我不是那種人，大家不用擔心。只要互相尊重，我必定還之以禮，我來自台灣，並非蠻夷之地。

16 女人有三種類型：PSP、iPod Touch、0元手機

在錯的時間遇見對的人叫小三，在對的時間遇見錯的人叫三小，在錯的時間遇見錯的人叫衰小，在對的時間遇見對的人叫號小。

三國無雙

在包裝廠工作的期間，我和Olivia住在一個有三間房間的共享住宅裡，而這三間房間住的是：一對台灣情侶、一對日本情侶和一對韓國情侶。我們最快樂的就是每到週末會一起出去玩、交流不同國家的文化，女生聊聊美食經，男生討論限制級電影。

韓國人大多是很友善的。我們的房東韓國情侶：Mickey & Katie，就是很好相處的人。我和Olivia因為到包裝廠上班，所以想找靠近市區、房租便宜、房東是情侶的共享住宅，於是我們就搬來和他們一起住了。因為韓國情侶是基督徒，所以在教會認識了一對日本情侶：Jun & Hiromi，後來韓國情侶邀請他們回家吃飯，我們六個人相談甚歡，日本情侶就決

NOTICE

定也搬來一起住。

Mickey對這裡的環境最了解，因為他已經在這裡砍了一年的生菜，有「生菜殺手」之稱，後來存了錢，就在澳洲念英文學校，要回韓國當英文老師。

Katie畢業自韓國名校，是一位美語老師，來澳洲才認識Mickey而交往，聰明伶俐是我對她的印象。

Jun是樂天派的日本青年，喜歡在下班後小酌兩杯，隨時看他都是笑笑的，是大家的開心果。

Hiromi是Jun未過門的賢內助，負責幫他打理一切生活起居、收支狀況。

我和Olivia在包裝廠工作較穩定，凌晨五點半上班，下午三點半下班。Mickey白天上課晚上回家，Katie就負責做飯。Jun和Hiromi在一個澳洲工頭下工作，工作的時間較不一定，一般來說我和Olivia最早下班，我們會先去逛逛超市撿便宜，然後回家找Katie聊天，接著五點左右，所有人就會回家，六個人圍著大圓桌一起吃晚飯，每天總是歡笑聲不斷。

女朋友的三種類型

在家裡，客廳是男人的地盤，女生在廚房裡搞小團體。女生在廚房研究調味料應該怎麼加，我和Mickey就會陪Jun先喝兩杯、玩玩大冒險真心話，話題自然是離不開搭訕女生、聯誼驚魂或電動玩具。問起各自心中最喜愛的祖國運動明星，我們各有各的選擇，但聊到心目中最崇拜的偶像，卻一致通過是加藤鷹。英文說不清楚的，我們就拿出紙筆寫漢字，三個國家的漢字念法雖然不同，代表的意義卻差不多，所以男生常常一陣安靜寫字溝通，然後忽然狂笑不止，久久不能自己。

三個女生常會一起數落自己的男朋友而變得同仇敵愾，像是小氣、脾氣不好、幼稚、沒耐心、不記得交往紀念日、不體貼等，越說越煞有其事，好像天下的男人沒一個好東西。

男生也不遑多讓，我們會聯合反擊女生老是管太多、亂花錢、愛找理由、忌妒心強、愛翻舊帳、碎碎念、愛抱怨，越說越慷慨激昂，好像宇宙中的女人沒一個值得交往。這樣的情節每星期都在上演，辯論變成互揭瘡疤，有幾次當事人吵得太過投入、大動肝火，還上演離家出走打包行李的戲碼。

有一天，我們在聊心目中理想女友的類型，Jun問我哪一種女生是我的最愛，我思考了一下說，女朋友其實分為三種類型：

一、PSP：上班通勤我登陸諾曼地，鬼斬破與雄火龍的激鬥尚未定局。夜深人靜陪我的是明日香與凌波零，想玩就玩不玩就待命，她不會批判你也不在乎你有沒有改機。宅要宅得有個性，只要她陪我地獄我也願意去。

二、iPod Touch：那冷酷的外表像是她的價格讓人難以接近，但識貨的人知道她有無窮的潛力，既可拍照看電影，也可聽歌玩遊戲。是記錄生活的行事曆，會告訴你明天東區會不會下雨，無線wifi可以收信，跟曼哈頓的老朋友視訊，不會lag的處理器兩顆心零距離，就算是上床睡覺我也會把雙手牢牢地握緊。

三、0元手機：她有鬧鐘可拍照但功能平平，當初覺得可以用就好沒什麼關係。誰知道簽完名才發現要綁約一綁就是兩年期，現在去回想每一秒都讓我膽顫心驚。好不容易半年過去，存了錢想要換隻hTC，但就是怎麼摔也摔不壞你說我氣不氣？朋友說還沒壞就繼續用吧不要跟錢過不去，但是天殺的！我總算知道談戀愛千萬不能貪小便宜。

如果把追女朋友比喻成選擇美食，那麼好看的不一定真實，真實的未必好吃，好吃的不見得營養，營養的不一定好看。

這年頭哪種食品沒有添加物？魔術般的彩妝、潤色遮瑕的ＢＢ霜是人工色素，讓人充滿食慾。集中內衣、水餃墊是重新包裝，把舊酒換新瓶。防腐劑是電波拉皮，每個月打一次肉毒桿菌。最流行的食物加工就是割個雙眼皮、臉部微整形。要找到我的沈佳宜，可能只會在夢裡。所以不要被外表所蒙蔽，好奇只是因為還沒吃過而已。色香味固然重要，但如果美食失去了感情的連結，每天吃也是會膩，常常換也是會空虛。

Mickey笑著問我Olivia是算是哪一種類型？我摸著良心說：「當然是iPod Touch！」

六人行

到了假日，就是我們家最熱鬧的時候。

早上大家會睡到自然醒，然後一起打掃家裡，擦地板、洗廁所、清廚房，各司其責。中午女生會負責煮飯，Katie教大家製作道地的韓式泡菜。吃完飯，下午會去打桌球或籃球，來個世界盃的比賽。

運動完一起去逛超市，採買晚餐需要的食材，每一組情侶準備一道菜，像是韓國情侶煮辣炒年糕、台灣的我們準備蝦仁炒飯、日本情侶特製傳統的壽喜燒。吃飯時玩著各國聯誼時玩的小遊戲，吃完飯男生洗碗，女生準備甜點，然後一起欣賞下午租來的DVD。大家拿個枕頭躺在地板上看電影，喝著汽水、吃著餅乾，六個人時而大笑、時而放鬆地睡著。

看完電影，我們會去外面吹吹風、散散步，六個人橫著走霸占整條馬路，欣賞南十字星的美麗夜空。快樂的充要條件，就是身邊擁有幾個像這樣的好朋友。

如果週末的天氣很好，我們六個人就會帶上帳篷，買些上等的牛排、熱狗、雪碧、零食，帶上足球、釣竿去湖邊露營。和澳洲的富二代比賽水上摩托車，和澳洲小朋友玩遙控飛機。吃一頓豐盛的BBQ大餐，下午踢踢足球、到湖邊釣釣魚。與大自然的對話，是一生難忘的回憶。

幾年之後，我可能不會記得在澳洲賺了多少錢，但我一定不會忘記這段時間我們六個人之間的情誼。我們的存款裡沒有很多零，但心靈富裕的程度卻可以排進富士比。

17

計畫趕不上變化，變化趕不上一通電話

生活常常無法預期，做好計畫是一回事，能不能完成又是另一回事。窮則變，變則通。

來自雪山的電話

平常有空有時候，大家會心血來潮舉辦主題大餐。像是有一次辦水餃全席，我們就會去中國城買水餃皮，包入先前一起製作的餡料。台、日、韓的水餃包法不盡相同，讓我們大開眼界。結果韓國情侶完成了牛肉蒸餃，我們端出台式水餃配大蒜，日本情侶推出黃金咖哩煎餃，才端上桌的料理，瞬間一掃而空。

還有一次辦壽司比賽，日本情侶拿出拌好的醋飯，現場為大家做握壽司，有花椰菜握壽司、玉米軍艦壽司、茄子壽司、雪花牛壽司等，我們則是準備了鮮蝦手卷、鮪魚手卷與味增湯，而韓國情侶製作了加入醬瓜、牛肉條、蛋絲的泡菜壽司卷，大家一邊說話，一邊不停地把各種壽司往嘴裡送，大快朵頤一番。就這樣，我們過了兩個多月快樂的聯合國生活，直到接到那通突如其來的電話。

由於到雪山工作是我們的共同目標，所以雪季開始之前我們就開始投履歷，Olivia耐心地把所有澳洲雪山上的飯店都調查了一遍，主動打電話去自我推薦，卻始終沒有佳音。眼見雪季即將到來，已經準備好的B計畫是，如果沒有辦法上雪山，我們就打算和韓國、日本情侶一直住到跨年後再回台灣，好好享受這難得的友情。

那一通電話打來的時候，我們正好下班剛走進家門。

「嗨，請問是Layton & Olivia嗎？」對方問。

「是的，請問您是？」我有禮地說。

「我是布拉雪山（Mt. Buller）香格麗飯店的房務部經理Kathy，方便說話嗎？」她問。

Jun & Hiromi

Katie & Mickey

雪山？那真是太棒了，我用力捏了右臉頰，才知道我並非在做夢。但是布拉雪山在哪？離我們遠不遠？Olivia還來不及換掉工作服，趕緊打開電腦google香格麗飯店在哪裡。

「方便，經理您請說。」我說

「我們有收到你們的履歷，所以想邀請你們到我們飯店工作，不知道你們願不願意？」她問。

Olivia指著電腦螢幕，布拉雪山在加頓南方一千五百公里的地方，大約在維多利亞的墨爾本右上方二百三十五公里處。一千五百公里！繞台灣一圈綽綽有餘了。

「願意，願意！請問何時開始？」我問。

「如果可以，希望你們下星期一來報到。」她說。

Olivia驚訝地望著我，然後靜靜地點點頭。

「好的，下星期一，沒問題。」我說。

一方面我們真的很想去雪山，所以怕跟對方改時間會失去機會，可是另一方面，我們又如何能在七天內拋下我們的好友，前往一千五百公里外的雪山？我們周密的計畫趕不上現實的變化，現實的變化又趕不上一通電話。

幸福料理

掛上電話後第一件事，我們第一個告訴在家的Katie，她不捨地恭喜我們找到夢想中的工作，所以參雜了一些用酒窩掩飾的失望在高興的表情裡。Mickey下課回家、日本情侶下班後，知道了我們這個消息，緊急地召開了家族會議。

我和Olivia誠摯地說明了這份工作對我們人生的意義，也向大家表達我們心中的不捨之情，雖然大家第一時間都很難接受我們即將離開的事實，但是很快地，大家都用一種正面的心態來看待這件事並祝福我們。我說一千五百公里大約要開三天，所以四天後我們就要啟程。

四天？太快了吧！是的，但這是我所能空出的最多時間了。日本情侶說明天晚上他們要做大餐，慶祝我們人生將邁入新的里程碑，韓國情侶也說後天晚上他們要準備大餐款待我們，我和Olivia則是決定在大後天一起做料理回饋大家的盛情。為了我們，Mickey蹺課、Jun & Hiromi蹺班。

由於包裝廠上個月已經裁員了兩次，可能是當小組長的緣故吧，我和Olivia都幸運地能繼續工作。所以當我們辭職的時候，並沒有遇到太多的刁難，W小姐還歡迎明年我們二簽的時候再回來找她。然後我們請了假跑去昆士蘭可以合法抱無尾熊的龍柏動物園

（Lone Pine Koala Sanctuary），與可愛的澳洲國寶做親密的接觸。

回到家之後，我們受到熱烈的歡迎，迎面而來的香氣，讓我們食指大動。日式地道的涮涮鍋和日本清酒，Jun一邊唱著邦喬飛的〈It's Our Life〉，一邊跟我們握手。熬了一整天的湯底、新鮮的山產野菜，以及特地將肉冷凍然後人工一片片切好的牛肉片，讓我們感動不已。現炸的天婦羅香甜可口，溫好的清酒一醉方休。相機裡的回憶，帶領我們重溫舊夢。

第二天晚上，Katie & Mickey推出了韓式烤肉自助餐，五道精緻的小菜、海帶芽湯、美生菜，還有堆到和鍋子一樣高的肉片和專門為我們貼心特製的微辣泡菜，讓大家狂吃了好幾碗白飯。能和好朋友一起享用精心烹調的料理，是人生一大幸福。隔天Olivia起得很早，

很認真地在研究晚上的菜色和食材清單。

我們決定推出五菜一湯，讓大家品嘗最道地的台灣料理。

首先是從台灣帶來、特地留到現在的康寶濃湯，與新鮮玉米粒的玉米濃湯二重奏。第一道菜是可樂雞翅，入口即化的雞肉吸滿了滷湯的醬汁。接下來是翠玉白菜，大火快炒的青菜保留了新鮮的口感。第三道是萬眾矚目的麻婆豆腐，淋在熱騰騰的白飯上，色、香、味、燙、麻一次到位。第四道是糖醋排骨，現炸的上等豬肉裹上特調的糖醋醬，絕妙層次的鮮嫩口感，每咀嚼一回就多添加一回香甜。最後一道糖心地瓜是女生們的最愛。

眼前的料理像是被施了魔法，大家吃得讚不絕口、通體舒暢像是到達前所未有的幸福宇宙。

飯後大家拿出了卡片，要我們好好保重，像是參加高中的畢業典禮，和好朋友離情依依。

出發！雪山

提起最後一包行李，我們走出門外，打開後車廂，把不捨和感傷丟到車裡。離別是為了再次相見，不是聲聲慢中的慘慘戚戚，送君千里終須一別，天下沒有不散的筵席。發動引擎，用GPS把亂成一團的心衛星定位，前往下一個人生的里程碑。人說要捨得，因為有捨才有得。後照鏡中揮手的影子漸漸消失，前方的路漫長得像是通往世界的盡頭。

三．八的引擎嗡嗡作響，一百四十的時速游刃有餘，餓了就找涼亭煮飯，累了就在路邊休息。經過了無窮盡的蜿蜒道路，一千五百公里的旅程，我們到了雪山山腳下的一個小鎮曼斯菲爾德（Mansfield）。一路上聊起八個月前出發紐西蘭到今天的際遇，讓我們分不清楚做夢與現實之間的差距。

得即高歌失即休，多愁多恨亦悠悠；
今朝有酒今朝醉，明日愁來明日愁。
—羅隱

18

樂在工作，就是兼顧「意義」與「樂趣」

一味追求使命感，得不到當下的樂趣。
只懂得尋求樂趣，找不到長久的意義。
只有從勞動中發掘幸福的意義與樂趣，才能讓我們樂在其中，人生充滿幹勁。

五星級飯店

來到了山腳下的小鎮，我們打電話給經理Kathy，她要我們先到山腰上的員工宿舍報到，明天開始上班。

山腰沒有下雪，所以不必加雪鏈。照著Kathy告訴我的路走，我的GPS迷失了方向，一個箭頭在原地轉啊轉的。

「有沒有這麼深山啊？」Olivia問我。

「沒有錯啊，應該快到了吧。」我說。

看見了路標，彎入了一條小道，爬上了四十度的泥土斜坡，隱約看見了幾戶人家。我們的宿舍在路的盡頭，是最後一間門牌六〇號的木造房屋。這間木屋只有一層樓，裡面有客廳、壁爐、廚房、曬衣間和三間房間。把行李安置好之後，我們聽見了有人回來的聲音。

「經理說今天有兩個人要搬進來。」一個聲音說。

「應該到了吧？外面有停一部車啊。」另一個回他。

「哈囉！大家好！」我和Olivia說。

簡短的自我介紹後，我們感覺像是回到了台灣。Jimmy是來自韓國的小男生，是雪山韓國小主管

的朋友。John是來自韓國的拚命三郎，口頭禪是「I have totally no idea!」

Mike是來自台灣的男生，先前在科學園區工作。Kate是可愛的女生，在台灣是護士。Sara來自香港，是一家星巴克的店長。Jenny是一個有很多原則的台灣熟女，因為很喜歡發表意見，所以是我敬而遠之的點頭之交。為了取暖，第一天John傳授我劈柴大法，Mike教我壁爐生火的祕方，熊熊的火焰燃燒著雪山上的八卦，派系鬥爭不是藍綠發明的專利，大家都說不在意但卻心知肚明不能說破的就是自欺欺人的官僚問題。

布拉雪山上的唯一的滑雪纜車屬於布拉集團所有，而布拉集團旗下有一間雪山上規模最大的五星級飯店，那就是香格麗飯店。我和Olivia做夢也沒想到，或是說不敢做這個夢，第一次上雪山就到了最複雜、最險惡、最競爭、最多人搶破頭想進來的五星級飯店。

因為不管你是做什麼工作，只要是布拉旗下集團員工，薪水高到嚇人，每個月免費的員工自助餐派對不說，每個人還能有擁有一張「Season Pass」，有了這張卡，第一、整個雪季坐纜車免費；第二、整個雪季上滑雪課免費；第三、租雪具便宜到不行。所以每個人都是挖空心思在履歷表上做文章，希望能擠入這個夢幻的殿堂。

房務部經理Kathy是澳洲人，有高層內部人脈關係，負責管理人力調度。底下有個三十來歲的韓國小主管Omi，負責客房服務之執行，小主管一直有當上經理的野心，Kathy當然心知肚明。

大家直屬在這個韓國小主管之下，沒學政治的也知道，人不會在得不到選票的地方造橋鋪路，如果學不會戴面具，發配邊疆只是遲早的問題。我們不可能成為Omi的心腹，因為我們不會說小主管的母語，既然不是心腹，想被分配到輕鬆的工作就是在緣木求魚。不過，如果能忍氣吞聲當個應聲蟲安分工作，不要在意世界公不公平，或許能待完整個雪季，賺到一筆不小的資金。

意義與樂趣

但也就是在這爾虞我詐的激烈競爭環境，隨時都有可能因為一句私底下說的話而被出賣的白色恐怖下，讓我領悟了一件很重要的事情，就是尋找工作的「意義」與「樂趣」。如果沒有它們，緊張擔憂的心理壓力會把靈魂榨乾送葬，痠痛勞累的身體負擔會把快樂摧毀殆盡。

開始工作的前幾天，制度化的SOP、精準的時間控制與不能犯錯的叮嚀，會讓人喘不過氣，讓人忘記當初來雪山的原因，但是多虧了這個難以想像的痛苦，讓我領悟到要與工作壓力抗衡，就必須要有工作的「意義」與「樂趣」。只要從心底認為自己正在從事能夠挑戰自我、盡展所長的工作，就會獲得滿足感。

找不到工作的意義，人會無奈地問自己：「為什麼我要待在這裡？」眉頭深鎖地想著除了錢，我們還從這份工作中得到什麼東西？不過，就算找到了意義，如果這個工作無法滿足當前的欲望，或無法享受其中的樂趣，或早或晚我們也將會喪失前進的欲望與動力。當我們從工作中找到使命感，快樂感便會增強，在工作中得到樂

趣，也會讓我們更願意持之以恆。

有人做客房服務的意義是提供高品質的住宿經驗，樂趣是高額的小費和獲得客人的肯定。我沒有太大的抱負，這份工作對我的意義是可以和Olivia免費上滑雪課，樂趣則是每天有撿不完的食物、啤酒和零錢。若一味追求使命感，得不到當下的快樂；只懂得尋求樂趣，也無法得到長久的滿足，只有從勞動中發掘幸福的意義與樂趣，才能讓我們樂在其中，人生充滿幹勁。

內憂外患

每天叫醒我的不是鬧鐘，而是夢想。凌晨五點半起床做早餐，穿上雪衣，經過有袋鼠跳躍的鄉間小路，睡眼惺忪的太陽凝結了我的呼吸，搭上第一班上雪山的員工巴士，經過檢查站，司機大哥為輪胎裝上雪鏈，進入了白雪公主的奇幻世

界。窗外的大雪紛飛，數大便是美，心情激動的耳機點播了五月天的最新歌曲，明明就只是去上班這樣一件簡單的事，竟然可以讓我感動得紅了眼眶。

到了飯店下了車，總是準時上演熱雪躲避球，當我全身滿是雪花的時候，朋友們的嘻笑聲提醒我人緣比女人緣重要。

坐在員工休息室吃完早餐，Kathy和我們一起開早會，宣布今天的分組及每組區域的分配。在國外工作，要和母語不同的人合作不容易，但要和母語相同的人合作，那更是大大的不容易。如果有人認為在國外台灣人會「團結」，那我要告訴你這是個天大的笑話，下次教育部要編字典，我認為要做一些刪減。三個背包客有七種意見是稀鬆平常、司空見慣的事，所以記得先求有，再求好，不然下班前，人會先瘋掉。

日久見人心，有些人不要靠得太近。除了台灣自己的內憂，還有列強的外患。像是把偷懶發揮到極致的澳洲十八歲女生Zoe，跟她一組就要有壯士斷腕的覺悟，她會找出任何藉口回去總部拿東西，然後消失好幾個鐘頭。或是香港的Amanda，隨時都在看手機、打簡訊，還告訴我：「做那麼快幹嘛？錢又沒有比較多！」我笑一笑，自己鋪床去了。還有愛發號施令、嘴巴動得很快，但雙手卻是一點也不靈光的Vicky。好的夥伴帶你展翅翱翔，不好的夥伴讓你歷經滄桑。你問我怎麼不向上反應？哈哈，這是另一個天大的笑話。

慶幸的是下班後，我會和Olivia去滑雪板（Snowboard），感受馳騁在浩瀚無涯的雪白世界中暢快的極速飄移，坐著免費的滑雪纜車，欣賞雪花紛飛的美景，我們一天最開心的時候，就是此刻手牽手心連心。

19 不要在贏了別人的時候，卻輸了你自己

身上的名片頭銜很多，哪一個才是真正的自己？這一輩子贏過的人很多，但就是沒贏過心裡的聲音。

最佳員工

在雪山的日子，Olivia精湛的廚藝，讓我能在寒冷的冰天雪地品嘗麻油雞，有時候孜然羊排也沒問題，從一個小小鍋子變化出來的料理千變萬化，簡直比法拉第發現電磁感應還神奇。

難得的假日我們起了大早，帶著Olivia以驚人殺價功力買來的滑雪板，上山去上滑雪課。從入門不時跌倒的等級一，上到可以自由前後迴旋的等級六，教練的因材施教讓我們進步神速，給我們挑戰險惡賽道、打敗心魔的勇氣，使我們得以沉醉在腎上腺素過度分泌的狂飆激情。中午享用了飯店精緻的美食，我們在餐廳外面玩起堆雪人的遊戲，一整天下來，大大小小的摔傷在身上留下許多不算時尚的刺青。

隔天上班，一如往常地開著早會，Kathy分完組之後，宣布了一個消息：「從今天開始，每一週我會依表現選出一位最佳員工，獎品是飯店餐廳的雙人早餐，希望大家好好努力。今天，讓我們一起恭喜上週的最佳員工——Layton！」

我？真的假的？

在大家的掌聲中我站了起來，接過了飯店的餐券。Kathy說上星期看了我整理的倉庫擺設後驚為天人，所有的物品不僅重新歸類、排列整齊、加上標籤，還依據使用頻率、物品重量來調整貨架位置，讓所有人能在第一時間找到需要的東西。另外，Kathy也稱讚我願意主動處理問題的工作態度。

在歡樂的氣氛中，有一雙冰冷的目光讓我的背脊發涼。韓國小主管嘴裡說祝福我，心中卻築起了國與國間的高牆，

身邊的韓國朋友冷笑鼓掌，恭喜的背後是不能面對的真相。棒打出頭鳥，做人還是低調好，我不知不覺中偷襲了珍珠港，敵人的原子彈隨時可能會落下。

我是誰

有競爭，就有輸贏，班上若有人墊底，自然就會有前三名，企業發達了之後，當然想當世界第一。每個階段，總是會有這麼樣的一個人提醒我們：人生唯一要做的事情就是不斷地贏、贏、贏。從小，我們就開始比成績，用分數把別人比下去，念書比學校、比科系，工作比名片、比Porsche，創業比規模、比土地，身上的名片頭銜很多，哪一個才是真正的自己？這一輩子贏過的人很多，但就是沒贏過心裡的聲音。

得獎之後，我力求表現、精益求精。所以變成所有人裡面最早上班、最晚下班、錢賺最多、老闆最喜愛的人。我有一個新的頭銜叫做實習主管（Houseman），負責房務部倉庫管理、資源分配與危機處理，直接向經理報告。為了鶴立雞群，我不惜情感分離、摀住心中的聲音。要贏過別人很簡單，只需要一點點的殘忍；但要贏過自己很困難，因為需要很徹底的坦誠。

有一天晚上關了燈，我輾轉難眠，Olivia看穿了我的心事，告訴我：「認真工作很好，但是不要忘記自己是誰，我們來澳洲不是為了輸掉自己。」我謝謝她在我掉進懸崖前拉了我一把，然後會心一笑去找周公玩線上遊戲。

隔天，我委婉地向Kathy辭去了實習主管的工作。因為比起加班賺錢，我更喜歡早點下班和Olivia去滑雪；比起新頭銜，我更喜歡回家和大家一起享用晚餐，在擁擠的客廳爭吵誰要下一個去洗剛燒好的熱水。

我是林政達，來澳洲是為了工作、是為了度假。以前我總是希望能贏過別人，把別人踩在腳下；但是從今以後，我希望別人來踩我，讓我可以幫別人一把。我不需要有很多名片，但我一定要知道自己是誰；我不需要贏過所有人，但我一定要贏過林政達。

退一步海闊天空

韓國小主管知道我不做實習主管的消息後，於是向Kathy推薦了她的韓國愛將。

領悟人生的道理時常參雜著晴天霹靂，Kathy看著我的眼神越來越不對勁。

有一天，我正好回休息室拿東西順便上洗手間，結果聽到有兩個人走進休息室講話，仔細一聽，竟然是Kathy和韓國小主管。

「我就說，Layton不是一個負責的人。」

「我也不曉得為什麼。」Kathy說。

「台灣的文化畢竟不同，還是讓我來負責分配工作吧，我不會讓妳失望的。」

「這樣也好，就交給妳吧。那Layton最近還有沒有說我的壞話？」

「Kathy，我跟妳說，他老是抱怨工作太累，我看這樣下去會破壞大家工作的氣氛。」

「那應該怎麼辦？」

隔著牆，兩個人一搭一唱，越說越誇張，聽得我膽顫心驚、直冒冷汗。現在衝出去，怕打草驚蛇誤了大事，不衝出去，我又沒帶錄音筆，就算告訴別人也是口說無憑。

或許Kathy真的聽了讒言，或許她覺得我好生無禮拒絕了她的好意。一個添油加醋，一個妄自猜疑，我搖頭苦笑，輕輕地嘆了一口氣，就算我是及時雨宋江，對於流言蜚語也是無能為力。經一事長一智，我總算能多少體會當初賈伯斯被蘋果趕出去的心情。

-2°C
EVEN AT
HOLDEN CAPTIVA GOES BETTER.
The 7-seater Holden Captiva. Go better.
MtBuller

當天我找了時間向Kathy解釋我辭去實習主管的理由，也表示從來沒有說過她的壞話，但不知道是對方早已先入為主還是我的英文太差，她只是淡淡地叫我專心工作，不用擔心。

人心一旦被猜疑所蒙蔽，又如何能分辨是非對錯，如何能斷定善惡實虛？戲如人生，人生如戲，紅演員有時會當叫化子，而三流演員有時會扮皇帝。

接下來的幾天，革命軍連連失利，韓國小主管把早上最輕鬆的工作，全部分配給了身邊的親信。我和Olivia向Kathy反應，結果說因為我曾經不珍惜工作，所以當然把機會給用心的人去做；問說其他台灣人也應該要有機會輪流，韓國小主管則用了各種千奇百怪的藉口搪塞我。哀莫大於心死，我不是聖人可以與世推移，正所謂伴君如伴虎，誰叫我一個不小心，惹火了雪山上的慈禧。

兩個多月的雪山生活我們沒有一絲遺憾，和大家滑雪的日子很開心，一起撿到無數零錢的生活很有趣，每天輪流劈柴生火的經驗很特別，晚上吃飯聊八卦的回憶依然清晰。

謝謝Kathy給我們機會，上雪山工作是我們上輩子修來的福氣。享用著大家特地為我們準備的小肥羊麻辣鍋，濃厚的湯頭讓人精神奕奕。

人生有時像是馬拉松，有時像是在下棋。我們拿掉面具，赤裸裸地面對心裡的聲音，做一個重要的決定，要思考的不一定是我們想要的，有時候，更應該考慮什麼是我們不要的東西。我們當然想要賺錢、想要滑雪，但是我們更不想要失去尊嚴。

每個人價值觀都有所不同，「選擇」沒有絕對的輸贏。如果保有工作必須吞忍陷害、扛下莫須有的罪名，那我們寧可選擇離開，然後大方做自己。

20

不是每件能算出來的事都有意義，也不是每件有意義的事都能算出來

理智如果領先，快樂就會殿後。

快樂的祕訣就是：多用心，少用大腦。

如魚得水

下了雪山，多了回憶，鳥語花香，春和日麗。成群的綿羊悠閒地享用草地的新芽，天上朵朵的白雲像是烤過的棉花糖，沿著康莊大道，藝術之都墨爾本是我們下一個要去的地方。

回到都市的感覺真好，無意間發現了「Costco」的蹤影，Olivia帶著台灣辦的會員卡，開始瘋狂血拚，雞肉凱薩沙拉加小春雞，牛肉卷配上巧克力奶昔，現烤的披薩也不錯，還可以無限暢飲雪碧。熟悉的陳設讓我想起了家鄉，懷念的味道讓我感動得痛哭流涕。

墨爾本不愧是藝術之都，連便利商店都充滿藝術氣息。哥德式的建築，豪放不羈的宮廷，市中心的YHA，呈現出跨越歷史與摩登的完美比例。精雕細琢的建築來自藝術家的巧思，黃金氣派的車站令人目不暇給，來到明亮的Mac專賣店朝聖，低調奢華的LV處處留情。典雅的巷弄裡咖啡飄香，街頭的前衛彩繪大膽地描繪著生命，讓人肅然起敬的是莊嚴的大教堂，讓女人失去理智的是特價的UGG。

來到了繁華的唐人街，有家餐廳叫做「大長今」，斑駁的磚牆訴說著故事，道地的牛肉河粉哼著動人的旋律。百貨公司彷彿沒有盡頭，什麼都賣什麼都不奇怪的全在維多利亞皇后市集，迎向墨爾本一百七十五歲的生日，我們見證了一場充滿意義的世紀婚禮。路邊的霓虹燈對我拋媚眼，都市的夜生活越夜越美麗。

讓數字閉嘴

坐在繁華的路邊咖啡廳，讓人陶醉的是午夜的浪漫氣息，打開電子郵件，收到雪山寄來的匯款明細。數字算得出薪水，卻算不出人生意義，十進制算不出快樂，但快樂卻是終極貨幣。每個人都很會算，知道投資靠複利、發展要看複合成長率，但這樣的結果是，大腦變成人生中的小三，把「心」這個元配踢了出去。

我有一個學長在跨國公司當總經理。聊起他的過去，他說小時候上了小學，父母與老師不斷提醒他，上學的目的就是得第一，將來才有出息。但卻沒有人告訴他，在學校應該過得快樂有趣，由於擔心考試考不好，他開始緊張焦慮，能讓他從分數、成績中暫時解脫的，只有放學和假期。

「數字就是一切」，在無形中變成了他的價值觀，所以儘管他不愛上學，他還是非常用功。考試得高分的時候，老師稱讚他、父母獎勵他、朋友羨慕他，上了高中，「犧牲當下享受，未來才會幸福」的公式已經在他的觀念裡根深蒂固，既使他不喜歡枯燥的作業和週末的補習，依然全力以赴。每當壓力瀕臨崩潰邊緣的時候，他會告訴自己「等我上了大學，我就要做我想做的事」。

學長大學聯考順利考上第一志願，放榜的那天他如釋重負，心想總算可以過過輕鬆自在的日子。然而，開學沒幾個月，他開始擔心自己沒有能力與同學競爭，萬一輸給了他們，將來如何找到好工作？於是多年以來揮之不去的焦慮擔心又再次攻擊他，結束了他短暫的歡愉。

他繼續拚命用功，從大一到大四不斷累積過人的經歷，參加學生自治會、組織社團、申請國際義工、到美國交流學習。他選修了無趣但營養的學分，是為了提高學期成績。考完試、寫完報告雖然可以讓他得到解脫，但是不用多久，無止境的憂慮總是隨著太陽一起升起。

大學畢業後，他得到了一家上市公司的工作機會，於是高興地接受了。但幾個月之後他發現，他一點也不喜歡每週上班五十小時的生活，原來父母說的找到好工作就有好人生的說法，一點也不正確。但為了將來能自己創業，他告訴自己不得不委屈一下。加薪或升遷雖然值得高興，不過當他得繼續埋首於那些冰冷的工作時，又將他從天堂拉進了地獄。

經過多年的超時工作、加倍辛勤，公司請他擔任國外子公司的總經理。他原本以為人

生就會開始快樂，卻因為要分心討好董事會，還要擔心下個月衰退的業績，不爭氣的頭髮一直掉，肝指數報告像是熱門的科技股票瘋狂漲停。在學生時期是優秀的學生，如今又是知名公司的總經理，住豪宅開名車，許多人把他當成成功的典範，但他一點也不快樂，究竟是什麼原因？

因為我們的文化強調競爭，為以後的人生算計，如果考試考得好，就有獎賞，如果完成工作目標，就有紅利獎金。於是我們學會將注意力放在下一個目標，而不是當下的環境，學會了計算必須用「手」，卻忘了感受必須用「心」。所以許多人不是為了享受旅行的過程而出發，而是為了完成旅行而旅行，理智如果領先，快樂就會得公主病。

「您的摩卡咖啡和香草拿鐵，請慢用！」有著淺灰色深邃眼眸的俊美服務生親切地說。

「謝謝你！」我們微笑。

Olivia闔上電腦告訴我，明細是對是錯沒有關係，有意義的事不見得能算出來，能算出來的事也不一定有意義。心的感受勝於一切，快樂總是藏在糊塗裡，這一刻就讓數字閉嘴，好好品嘗這異鄉醉人咖啡中心心相印拉花裡交織纏綿的濃情蜜意。

皇家秀

Brighton的彩色小屋處處驚奇，Sofia的海鮮拼盤意猶未盡，白淨的沙灘像是動畫，小朋友尖叫像是來到迪士尼。Luna Park獨樹一格的笑臉，嚇跑了藍天白雲，墨爾本tram的軌道嵌

在馬路上，空中密密麻麻的電線九宮格可以玩ＯＸ遊戲。

有工作，就認真努力，沒工作，就玩得盡興。來到聞名遐邇的大洋路（Great Ocean Road），SPF＋＋的防曬乳對抗不了無情的紫外線暴君。壯觀的海岸線浪花澎湃，害羞的招潮蟹動靜皆宜，十二門徒石歷經滄桑，剩下四位長老相偎相依。戴上耳罩，坐上紅色的迷你直升機，大自然的鬼斧神工，令人讚嘆不已。愛湊熱鬧的烏雲不請自來，剎那間下起傾盆大雨，沒帶傘的遊客狂奔，跑不動的成了落湯雞，滴滴答答的暗號，喚醒了雙彩虹兄弟。

回到吉隆（Geelong）這個充滿活力的城市，有趣的雕像讓人好奇，Olivia接到朋友的電話，得到下一個工作機會的消息。皇家秀（Royal Show）是澳洲一個大型巡迴的遊樂會，有上千種活動攤位撲朔迷離，兩個星期後將在墨爾本盛大舉辦，我們要利用這個機會東山再起。

上網找到了一間優雅的共享住宅，位在墨爾本西北邊不遠的郊區，前往新家寧靜的道路上，三十八秒的冰雹為我們鼓掌歡迎。

機關算盡太聰明，反算了卿卿性命。

—曹雪芹

21 人不一定要生活在第一流的城市，但要在任何城市過第一流的生活

要生活在一流的城市，要花很多錢。
要過第一流的生活，要用很多心。

命中注定

為了要去找新工作，Olivia煮了滋補的小肥羊火鍋養精蓄銳。我負責洗車打蠟曬衣服，Olivia開始調查皇家秀的工作機會。工作的種類很多，有顧遊戲攤的、大型遊樂設施收票的、美食區做料理的、攤位中收錢的等，要說有一千種工作選擇，是一點也不誇張。

在一整天的爬文後，得知老闆一般都會在兩星期前就找好工作人選，比較需要技術的，像是維修技師、廚師、產品推銷員等的門檻較高，不容易一次就應徵上。Olivia打了十多通電話，終於得到一個面試機會。帶著未知口音的老闆，約我們下週到會場詳談。

抱著船到橋頭自然直的心情，我們到超市進行大採買。Olivia準備做壽司方便攜帶，我買了海鹽、魚露、辣椒粉自製泡菜。高級的冰淇淋在特價，八種口味我們一次全買。順路經過了中國城，採購了醬油、餅乾和樂天巧克力派。回到家申請澳洲退稅，無意間發了一筆小財。

到了約定的面試時間，我們準時出發，在會場門口等待。許多攤位已經開始裝潢，十五個出入口排滿要通過檢查哨的車輛，穿著螢光背心的工作人員，不准閒雜人等接近。Olivia打了幾通電話給對方，總是沒有回應，最後終於接通了，竟然告訴我們他已經不缺人手，所以不要繼續等下去。

這麼瞎的事情吵也沒用，我和Olivia像是熱鍋上的螞蟻。既然人都來了，我們就在外面等，說不定還有其他機會，問了幾個來會場的人之後，發現今天很多是來布置會場的，攤位老闆或負責人大部分在家裡吹冷氣。眼看到了中午，我們也都餓了，雖然不甘心，但也不知從何找起。

於是我們決定用餐前先上個洗手間，下午再來拚拚運氣。徵求工作人員同意後我們進入會場借用廁所，我站在男厠裡的洗手台，看著鏡中的自己說：「怎麼辦？本來以為已經有工作了，結果被放鴿子。」另一個我說：「這麼快就絕望啦？不是說好永遠不放棄，要堅持到最後嗎？」我說：「我沒有放棄，只是想不出辦法啊！」另一個我說：「辦法？你現在旁邊就有一個囉！」

「旁邊？什麼旁邊？」我轉過頭看。一個澳洲人一邊洗手一邊吹著口哨，看他腰間掛著一袋工具，應該是布置人員。於是我問：「先生，您好，我是來應徵工作的，不曉得您有沒有認識的老闆正好在會場而且剛好需要找人手？」他說：「你想找工作？沒問題，我正好剛認識對面攤位的老闆，等一下去幫你問問。」我開心地說：「真的嗎？那真是太感謝你了，你真是大好人！」

走出男廁，Olivia怪我怎麼上那麼久，我說我遇到一個熱心的澳洲人要幫我們問工作，說不定真的有奇蹟。

原地徘徊的十分鐘像是過了十個鐘頭，一個金髮的媽媽走了出來。她說：「剛剛聽我朋友說你們在找工作？」我說：「是的，沒錯。」她給了我和Olivia一人一件工作人員背心，我們走進了會場。塞翁失馬，焉知非福，要不是這件神奇的事發生在我身上，我一輩子也不會相信在洗手間裡竟然也能找到工作（而且是在競爭激烈的墨爾本市區）！

王牌推銷員

皇家秀當天的入場門票為二十五澳幣，在這裡工作的好處是可以免費進場，早上有互動劇場，中午有特技、演唱會，晚上有煙火、飛車表演，十幾天的工作下來，光是看一輪表演，就是超值的員工福利。

澳洲媽媽有三個相連的活動攤位，她分配給Olivia到賣泡泡槍（Bubble Gun）的攤位，只要整天拿著泡泡槍對小朋友噴，就有薪水可以拿。第二個攤位是魔法筆（Magic Pen），由一個澳洲正妹（有圖有真相）負責叫賣解說。我則是分配到「搖控直升機」當家，負責擔任產品推銷員。

Olivia說這是她最喜歡的工作，又輕鬆又好玩。坐在嬰兒車裡的小朋友總是目不轉睛地盯著滿天的泡泡看，Olivia就會過去抱抱小朋友，借他泡泡槍玩一玩。

中午休息時，我們會帶著便當去外面欣賞表演一邊吃飯，有可愛動物區（綿羊、馬、羊駝等）、異國美食區、遊樂設施區（海盜船、大怒神、碰碰車等）、活動區、兒童區、遊戲區等各種不同主題的地方，我們花了一個星期才逛完所有的展場。

皇家秀另一個重點就是大家瘋狂搶購的「Show Bag」，像是福袋一樣，每一種袋子裡有對應的相關物品，例如Hello Kitty Show Bag裡面有Hello Kitty的筆記本、雨傘、鬧鐘、收納盒等。各式各樣的袋子讓人眼花繚亂，許多小朋友會哭著拜託爸媽再買一個回家，就可以知道這袋子有多麼可怕的魔力。

一開始，澳洲媽媽希望我每天賣五十台直升機，但幾天後我練成了可以控制直升機起飛，接著在空中用八字飛行繞一圈，然後停在我手心上的時候，我根本不必多說話，光是結帳就忙不過來了，最高紀錄是一天賣了一百三十五台遙控直升機。澳洲媽媽笑得合不攏嘴，要幫我加薪希望我每天早一點來上班，因為不想犯在雪山上相同的錯，我先詢問了Olivia的意見，她說這工作很好玩，能一起加班也很開心，於是我跟澳洲媽媽說希望Olivia也可以一起來，她很阿沙力地說當然沒問題。

第一流的生活

住在墨爾本的郊區，無絲竹之亂耳，無案牘之勞形，我們得以享受都市的藝術繁華，也能夠保有遠離塵囂的寧靜。幾個好朋友下班會相約去逛超市，晚上一起煮飯聊天分享旅遊經。從各種不同的角度來看，這都是個國際級一流的大城市，長久以來我們憧憬這樣的地方，僅次於《花邊教主》（Gossip Girl）裡的曼哈頓，走在冬季浪漫的墨爾本，穿著雪衣、圍著圍巾，手上拿著一杯冒著熱氣的星巴克拿鐵，旁人欽羨的目光滿足了我們的虛榮心，我們愛死這裡了。

但就像是剛買的新手機、時髦的時尚精品，很快就會褪去鮮豔的色彩，當這些新玩意融入了日常生活，很快就無法再吸引我們的注意。就算是最高級的手機所帶來的喜悅，也遠遠比不上能帶給我們滿足感的親密關係。

幾天之後，住在世界一流城市的快樂，疲乏了。幾天前讓我們感到新奇有趣的事物變得索然無味，幾個著名的觀光景點在第二次參觀之後也變得味如嚼蠟，我們以為只要到了一流的城市，穿上一流的行頭，我們就能成為一流的人，享受一流的快樂，過著一流的人生。但沒想到，精緻的物質享受比起在紐西蘭餐風露宿時的快樂，卻是遠遠不及。

於是我們從「零」思考，用「心」出發。終於體悟到，如果沒有一流的心，那麼住在第幾流的城市結果都是一樣。我們不一定要生活在第一流的城市，只要有第一流的心，就能在任何城市裡過第一流的生活。

那個「Moment」，我們脫下了防護的外衣，解下了厚重的面具，反璞歸真，見山是山，見山不是山，見山又是山。我們不再向外追求新的刺激，而是向內尋找心的寧靜。

坐在午夜的床上冥想，想起了所有值得感恩的地方。我們住的地方很棒，有花園可以盪鞦韆，有後院可以捉迷藏，有烤箱可以做披薩，有無線網路可以上網。我們有很貼心的朋友，逛市集會一起殺價，需要他們的時候不會裝忙。我們有很開心的工作，上班帶給大家歡樂，下班和小朋友一起吃棒棒糖。我們有一起生活的目標，要讓自己過得更好，讓心中的夢想展翅翱翔。

要生活在一流的城市，要花很多錢。要過第一流的生活，要用很多心。

22

少做「該做的事」，多做「想做的事」

快樂取決於「想做的事」和「該做的事」在生活中所占的比例。早上是興奮地跳下床，還是想到上班就全身無力，下班是擁有快樂的滿足感，還是在回家後寂寞空虛，都由這個比例決定。

前往世界中心

結束了在皇家秀的工作，Olivia最開心的就是買了Hello Kitty、小熊維尼和艾摩（Elmo）三個Show Bag。領薪水的時候，接到雪山上朋友的電話，他們說雪季已經結束了，大家想到墨爾本找我們吃飯。

老朋友的重逢總是令人感動，親切的熟面孔讓人忘記煩憂，享用著地道的異國美食，聽著雪山上最新連載的劇情。台、韓交鋒的高潮迭起，澳、韓主管間的權力拉鋸，我們洗耳恭聽，接著嘖嘖稱奇。到蘇菲雅（Sofia）餐廳吃海鮮大餐，到CJ品嘗韓式燒烤（Bulgogi），聊起下一步的計畫，大家集思廣益，既然每個人都荷包滿滿，世界中心就是下一個目的地。從墨爾本出發經過阿德雷得（Adelaide）到世界中心烏魯魯（Uluru），來回需要五十二個小時車程，總共四千三百六十八公里。這麼遠的地方，我們要怎麼去？開著半買半送的六手車，我比Olivia更擔心。

在著名的德國小鎮吃完豬腳、暢飲黑麥啤酒後，我們七個人浩浩蕩蕩地前往阿德雷得，大家一起住在YHA的八人房，熱鬧的氣氛像是三代同堂。

為了安全起見，我們把車送進修車場檢查。下午空閒的時間，我們借了阿德雷得市區免費提供的腳踏車，規劃良好的自行車道沿著河流進入城市，有專用的自行車路線，不用擔心人車爭道。在河邊可以親近活潑的大嘴鳥，在樹蔭下可以向鴨子寶寶們問好。領回了整修好的車子，享用完精心烹調的大餐，大家洗好澡不約而同地一起睡著。涼爽的清晨，轟隆的引擎聲，GPS上寫著距離目的地還有二千三百一十九公里，帶上簡便的午餐，往世界中

心出發。在台灣開車出去玩可能需要三個鐘頭，沒想到在澳洲去一個景點我們要開三天。從高速公路經過奧古斯塔（Port Augusta）之後，就進入了南澳最荒涼的地方，路旁單調的景色整齊劃一，除了紅土之外還是紅土，沒有住家、沒有加油站、沒有便利商店，路邊幾輛拋錨被肢解的車輛，提醒我們要好好培養與愛車的感情。途中我的變速箱數度異常，朋友車子的水箱漏水故障，讓我們嚇出一身冷汗。

第一天開了九個鐘頭的車程，終於到了路上唯一的城鎮，看見超市第一個放入購物車的就是冰淇淋，因為這裡常年炎熱，所以早期的居民都住在地洞裡。順著微小低調的指標，我們要在這間地洞B&B度過一晚，辦理登記手續之後，老闆娘帶領我們走到地洞裡，選好了位置開始搭帳篷，涼爽的天然冷氣與地表上的炎熱形成強烈對比，清楚的回音可以聽見五公尺外小情侶熱戀期的吵鬧嬉戲。

因為地處偏遠，油和水都很貴，就算是洗個澡，也必須限制時間。舒服的熱水澡洗去了九百公里的疲累，攜帶式瓦斯爐烹調的拉麵像是山珍海味。仰望浩瀚無垠的銀河星空，滿天的閃亮星斗讓我們起了雞皮疙瘩，顧著尋找可以許願的流星，投入到忘了睡前要刷牙。

世界遺產烏魯魯

經過了酷熱摧殘、漫長枯燥的十八個小時，遠方的地平線出現了一塊令人寒毛直豎的紅色巨石。烏魯魯外圍約九千四百公尺、高三百八十四公尺，令人不解的是，在地表下還隱藏著深達六千公尺的其他岩層，只能稱作是一顆神祕的石頭。此地成為土著的聖地已有六億年之久，太陽東升西沉時的光線變化，會使岩表呈現出不同的顏色，令人賞心悅目、百看不厭。

沙漠型氣候溫差劇烈，白天均溫達三十五度以上，晚上卻是涼爽舒適。在方圓百里之內唯一度假區裡的露營地搭帳篷，下起了滂沱大雨。超市裡的汽水、牛排搶購一空，高級餐廳裡的觀光人潮水泄不通。這裡有錢不見得買得到東西，還要手腳快才能當大爺。雨後的彩虹讓太陽露出了笑臉，我們在帳篷上加了防水布。到開放式廚房製作晚餐，Olivia用迷迭香燻烤了鮮嫩的雞腿。

隔天一大早買了門票，往世界中心前進。當我們抵達停車場的時候，站在氣勢磅礡的巨石面前，瞬間感受到人類的渺小與大地的浩瀚。朱紅色的岩面，隨著光影而變化，斑駁的壁畫訴說著歷史，神祕的陰影隱藏著故事。

由於這裡是聖地，所以不建議把這裡的石頭撿回去，據說有許多遊客不信邪，撿了石頭回家當紀念品，結果紛紛發生不幸悲劇，於是趕緊把石頭寄回遊客中心，遊客中心為了提醒大家寧可信其有，不可信其無，把這些從世界各地寄回來的石頭放在展示廳。

隔天我們前往風之谷卡塔求塔（Kata Tjuta），也是眾所皆知宮崎駿動畫取材的地方。呈現巨蛋形狀的大大小小三十六顆岩石，複雜的岩縫間不時傳來強風穿梭的聲音，因而得名。在全長六公里的健行終點，我們邂逅了野生的袋鼠夫妻。碩大的巨石遮蔽了地平線，紅色的岩層與紅土令人心生畏懼，多虧戴著加了防護網的帽子，臉上才沒有飛滿蒼蠅。站在俯視三百六十度全景的制高點，一望無際的滄桑讓人遁入了空門、看破人生感情。夕陽下是鮮紅色的反射光線，巨石上是吞噬天空的火燒雲，把心中滿滿的感動寫在美麗的明信片上，從烏魯魯的郵局寄回家給未來的自己。字裡行間裡透露出心境的轉變，Olivia微笑著對我說不虛此行。

隔天，經由荒涼的碎石路前往雄偉壯觀的國王峽谷（Kings Canyon），由於下午的一場大雨使道路封閉，站在「道路封閉」的指示牌前我們無能為力。一個英勇的戰士急踩油

$25.00
3128195
1 4 OCT 2010
Welcome to Aboriginal land
$25.00
3128196
Layton
1 4 OCT 2010
Welcome to Aboriginal land

門，想要穿過淹水，結果車子在水中熄火賠了夫人又折兵。為了等水流減退，我們睡在這沒有人煙的荒郊野嶺，夜幕低垂雖然有浪漫的星星，但野獸的咆哮就令人不寒而慄。

歷經千辛到了國王峽谷，爬上了延綿不絕的階梯，大雨過後炎熱的天氣空中沒有半朵雲，在樹蔭下赫然發現正在乘涼的巨大蜥蜴。山谷巨大的裂縫沒有盡頭，放眼望去盡是懸崖峭壁，幾張在斷崖勇敢跳躍的照片，證明我們的心還年輕。

Before I die,……

在回程的路上，Olivia累得睡著了，為了不吵醒她，我關掉了音樂。時速表指著一四五，我是過去四個鐘頭裡唯一在路上的車輛。看著炎熱沒有變化的風景，前方的海市蜃樓越來越近，$E=MC^2$高速前進，時間、重量和質量都在變小，我的腦細胞扭曲了空間，回到了過去。在我大三的時候，一個即將退休的電子系教授在期末考出了這樣一個考題，占總分百分之二十。

題目是：Before I die, ________.

有人想去環遊世界，有的同學想到日本當千人斬，有人想要成為億萬富翁，也有人想廢除大學聯考。多項式與微積分難不倒我，要算出達靈頓電路的電流增益也不是問題，但這個突如其來的題目，我卻找不到可以套用的公式、想不到可以參考的定律。

沒想到八年之後，在一段人煙稀少的高速公路上，我終於知道了為什麼教授要問我們這個問題。原來，這個問題的背後指向了人生的滿足與快樂，而快樂取決於「想做的事」和「該做的事」在生活中所占的比例。早上是興奮地跳下床，還是想到上班就全身無力，下班是擁有快樂的滿足感，還是在回家後寂寞空虛，都由這個比例決定。

這短短的三個字，需要我們用一輩子去回答；這短短的三個字，需要我們用力地去跳脫社會的框架，從我們「該做的事」裡，找到幾件或是加入幾件自己和另一半「想做的事」。

遇過幾個高學歷的台灣男女，說要來澳洲賺人生第一桶金，申請的是工作度假簽證，但眼中只有鈔票錢幣，他們「該做的事」是工作，「想做的事」是賺錢，在台灣他們身上的標籤寫著草莓，在澳洲他們要證明自己是榴槤。聽了他們的分析，我只是搖搖頭笑一笑，沒有和他們辯解台灣的經濟到底出了什麼問題。如果爭吵、抱怨可以帶來幸福，那麼

天龍國無疑是世界最幸福的地方。

我跟Olivia說，旅行之前，我以為我人生缺的是錢，但旅行之後，我知道我人生缺的是快樂。只要肯做事，找到工作的意義與樂趣，提醒自己很多有意義的事情不見得算得出來，有「心」，就能在任何城市過第一流的生活。

看著他們在太陽下揮汗如雨，眼神中充滿疑惑，表情在說為什麼世界不公平。記帳本裡錙銖必較，也很少與人交際。大頭症的人很多，每個都有改變世界的野心，他們的姿態和智商一樣高，身段卻沒有哭點那麼低。聽到別人說牛肉工廠有更好的機會，就開始裝熟獻殷勤，遇到初來乍到需要幫助的新夥伴，他們心中選擇築起了高聳的牆壁。如果心態不改變，就算賺到世上所有的財富，也賺不到知足。一個「心」在「賺錢」而不在「旅行」的人，又如何能體會生活的樂趣。

我和Olivia申請的也是工作度假簽證，但一切問題我們只用快樂不快樂來決定。「該做的事」是工作，「想做的事」是度假。大環境我們改變不了，但是自己的人生可以，第幾桶金對我們沒有太大意義，我也不見得能活到領退休金。比起豪宅我更喜歡笑口常開，規劃得太長遠那人生還有什麼樂趣，房子就算增值十倍死了也帶不走，法拉利能到的地方我的六手車也行。家的溫暖無法用坪數衡量，兒女的孝順無法用遺產算計。我們粗茶淡飯衣食無缺，每天都在計畫週末的假期，長輩們說我們逃避社會壓力，但我們知道這輩子最需要討好的人其實是自己。如果只是賺錢，那有很多方法，但要得到快樂，只有一個選項：多做想做的事情。

後記：

回台灣之後，得知教授已經與世長辭，我沒有辦法把從Before I die體會到的人生領悟與他分享。在靈堂上，老師用越燒越短的香告訴我：人生短暫，一輩子的時間其實只夠讓我們完成幾件「想做的事」。

莫等閒白了少年頭，空悲切。

—岳飛

23 減少目標，和實現目標一樣幸福

我們總是期望自己能夠遠遠超越別人所立下的典範，結果付出的代價是，一輩子無止盡地擔心自己達不到那應有的成就。如果心裡充滿著憂慮，快樂又從何而來？

重回都市的懷抱

越過了一千五百九十三公里的紅土，我們回到了阿德雷得。一路上車子狀況連連，多虧了Olivia不離不棄，食衣住行一切從簡，堅定的信心化險為夷，我們知道如果沒有暴風雨，人生何來七色彩虹的美麗。回到都市的懷抱，第一件事就是跑到中國城買珍珠奶茶加鹹酥雞。

參觀Haigh's巧克力工廠，品嘗手工現做香濃滑順的幸福滋味。街頭上有趣的裝置藝術，拍下大人幼稚的另一面。來到著名的回音牆（Whispering Wall），解讀三十公尺外Olivia的通關密語。買了兩個大網子到海邊抓螃蟹，興奮的心情如同兒時記趣。

WELCOME TO OUR PLACE

蒼翠的山巒起伏，芭蘿莎（Barossa）的紅酒莊遠近馳名，試飲服務區的小姐親切，大方地斟滿了我們手上的酒杯。

夏多內（Chardonnay）的香氣華貴、豐富的口感豔麗，舉手投足間盡是誘人的嫵媚，像是荳蔻年華的輕熟女。

希哈（Shiraz）多變的層次中帶著成熟的細緻，入口的青澀輝映出均衡的後勁，猶如君子好逑的窈窕淑女。

氣泡酒蜜思嘉（Moscato）入喉的節奏平實滑順，直沖腦門的打嗝排山倒海，口中的水果香氣久久不散，令人放鬆的酒精無比暢快，好比美妻娛目良妻甜在心。

坐在布置精美的酒莊餐廳，餐前酒與鮮美的鵝肝薄餅讓人胃口大開，入口即化的大蝦配上醒好的葡萄白酒，更新了腦海中對於美食的定義。

優雅的琴聲餘音繞梁，十八度的酒精半夢半醒，喝醉後的聲音更加迷人，雙頰發燙浮現戀愛般的紅暈。

Everything means nothing

十一月即將是櫻桃的產季，而櫻桃大鎮楊（Young）離我們有九百九十九公里。Olivia是櫻桃的愛好者，我也是她的忠實歌迷，翻開一：一〇〇的地圖，開始計畫下一個目的地。

每個城市都有不同的特色，許多特色餐廳錯過可惜，寧靜幽雅的湖泊也不錯，還有非去不可的假日市集。難得的板球比賽不能錯過，一年一度的哈雷機車遊行更是要去，為了一次把所有景點一網打進，結果是整天行程趕不停。想去的地方太多，但「Everything means nothing」。

幾天後，在趕往下一個景點的途中，我問Olivia：「晚餐想吃什麼？」

「隨便。」她無精打采地說。

「吃牛排如何？」我問。

「不要。」Olivia嘟著嘴。

「拉麵好不好？」我問。

「不好。」她雙手交叉說。

「奇怪耶，妳不是說隨便嗎？」我說。

「我不管啦，還不都是你，行程定這麼滿，都在趕來趕去，要怎麼欣賞沿途的風景。」Olivia似乎有點生氣地說。

人生，又何嘗不是如此。如果把每個想去的景點比喻成人生目標，任誰都會想在最短的時間去最多的地方。一個適切的人生目標可以激發生命的潛力，但過多的人生目標就會讓我們無暇分心於旅途中美麗的風景。諸如考上前三志願，追到漂亮的女朋友；進國際外商工作，三十歲錢存第一桶金；以後自己開公司，有一天當上總經理；孩子生一男一女，買一台Z4或TT。

生命是一條美麗而曲折的幽徑，路旁有盛開的花朵、飛舞的蝴蝶、纍纍的果實，我們一心一意地渴望趕到想像中更加美麗且豁然開朗的康莊大道，卻很少去停留觀賞、享受每個當下。

然而，在前進的過程中，卻逐漸樹影悽涼、果實無存、花蝶匿跡，到了最後，我們才發覺原來所到達的地方，只是一個荒漠。

於是我和Olivia一起翻開密密麻麻寫著想要去的景點筆記本，在討論之後，從二十七個

地方中選出真正想去的八個。

坐在懷克裡（Waikerie）湖邊的公園裡，我們烤著滋滋作響的羊排。體會到與其趕路去熱門的地方，不如散步在平凡的樹下；與其緊張地看著手錶，不如輕鬆地享受陽光。於是，再從這八個景點中選出我們認為有意義並且值得去的三個。

簡化生活

我們總是期望自己能夠遠遠超越別人所立下的典範，結果付出的代價就是一輩子無止盡地擔心自己達不到那應有的成就，如果心裡充滿著憂慮，快樂又從何而來？在行程間趕路的途中，我們發現：減少目標，有時候和實現目標一樣幸福。人如果可以大方地接受自己某個領域的微不足道，心中就可以感受到異樣的輕鬆。

過去的我自視甚高，自詡成為亂世英雄，結果眼高手低，沒有一件事學得專精。定下的目標很多，但大部分都成了空頭支票，每年寫在行事曆第一頁的文字，句句都像是刺向心臟的武士刀。

現實世界只有一個貝佐斯（Amazon執行長），我也沒有施密特（Google執行長）的大腦。如果時間無法證明我的偉大，如果我無法完成所有的目標，那麼也許我該勇於接受自己的平凡，追求幾個有意義的就好。快樂的人往往「時間充裕」而不是「物質充裕」，幸福不是靠亂槍打鳥，而是懂得為生活聚焦。

24

每日笑一笑，世界更美妙

消除壓力的兩個妙方：
第一、別在意小事。
第二、這世上很多事都是小事。

失約的櫻桃產季

追尋快樂就像是在抓蝴蝶，當我們努力奔跑去抓的時候，往往追不上；但當我們停下腳步欣賞身邊的風景時，牠卻常常會主動停在我們的肩膀上。放慢了旅行的腳步，我們享受到了旅遊書上沒有記載的幸福。

來到了櫻桃大鎮——楊，嶄新的遊客中心湧現了觀光人群，到城鎮上的車屋公園的路營區找住宿，卻發現早已擠滿前來卡位找工作的各國背包客。草地上滿滿的帳篷，熱鬧的程度像是五月天演唱會的前一晚，和背包客探聽消息後得知，因為今年遲來的雨季，導致櫻桃採收期延後，去年的現在是大豐收的時候，所以才有這麼多背包客前來等工作。

山不轉路轉。到網路上的精華區爬文之後，得知了已經在楊工作第二年的台灣長老Hank也在這個小鎮，我們找到長老住的地方，向他請益。Hank留著甘道夫的落腮鬍，沾滿泥土的褲子說明了他的來歷，Olivia充滿誠意的點心，打動了他的冰冷的口氣。他告訴我們已經有很多人找過他幫忙，但他認為出來工作就是要學會獨立，如果我們不能動之以情，要搭上這櫻桃的順風車，恐怕也沒這麼容易。

雖然長老口口拒絕，但我們感受得到他為人正直、熱心助人，並非信口開河之人。在Olivia的戲劇天分下，他終於卸下心房願意為我們引薦在小鎮裡最大櫻桃農場的主人。

他打了通電話給農場主人，一聽口氣就知道是老交情。三十多分鐘之後，一台寶藍色進口修旅車開了進來，駕駛座走下了一個氣質優雅的女性，她是長老的老闆，也是最大農場的主人——溫蒂小姐。

「最近好嗎？你剛剛說有人想來農場工作，是你的朋友嗎？」她說。

「是的，他們也是來自台灣，希望妳能幫幫忙。」長老說。

「沒問題，歡迎你們來，但是因為雨季來攪局，採收保守估計還需要三個星期以上。一般我會給預約來工作的人一張黃卡，讓他們可以在櫻桃產季開始時，憑著卡片上的序號來上班。只是卡片幾個星期前就發完了。」她說。

「那可怎麼辦才好，有其他方法嗎？」長老說。

「恩，那這樣吧，我就為你們破一次例，各給你們一張我親筆寫的限量黃卡吧。」溫蒂小姐笑著說。

拿著限量的卡片，我們謝謝長老的人情味。

不要為了等待而等待

手裡拿著黃卡固然開心，但是一想還有三個星期怎麼辦？要住哪裡？要去哪裡？才一個稍微不注意，我的快樂就被憂慮綁票。我們的旅行，此刻有三個選項：

A、在這裡住三個星期，為工作卡位。

由。

B、到附近晃晃，與農場保持聯繫。

C、到三百七十三公里外的雪梨度個假。

A可以掌握農場上工作狀況，但要在沒有收入的情況下負擔住宿費，也失去旅行的自由。

B可以到處散散心，但還要一邊兼顧有沒有電話打來，怎麼可能玩得開心。

C雖然可能錯過第一時間的工作，但可以玩得盡興。

工作重要，快樂更重要；存錢重要，但臉上常常笑更重要。幾個在露營區認識的朋友為了等工作、省開銷，三餐只吃白飯，整天愁容滿面，像是天就要塌下來，只怕錢還沒進入他們口袋，就先被生活壓力擊敗。

既然人生不如意事十之八九，那我們就該學會去看那如意的人生一二。要得到快樂，就要知道兩件事：第一、不要為小事抓狂，第二、這世上很多事都是小事。

所以當別人爭著為工作卡位，盯著農場中未成熟的櫻桃像是關心早上九點開盤的股票，我們則是一派輕鬆地離開了楊，笑著謝謝老天爺送給我們這二十一天的長假。

免費洗澡

因為長途旅行我們睡在車上，所以洗熱水澡變成了一個奢侈的幻想。當過兵的男生還好，拿條毛巾沾些水，把身體擦一遍就算是把澡洗好，可是這招對女生就不管用了。首先，女生要卸妝、去角質、保養、敷面膜、精華液、乳液、修指甲、護髮、抬腳等等，少了任何一個環節都不行，如果旅途中因為怠慢而得罪了公主，那可是誅九族的大罪啊！

幸好在澳洲的高速公路上有許多休息站，而許多大型休息站都有附設為貨車司機興建的沐浴間。

澳洲地大物博，貨車司機常常一開車都是十幾個鐘頭，所以常到休息站加油順便洗澡。裡頭有沐浴間、專用洗手台、吹風機可以使用，使用前最好先詢問店員相關規定、是否收費等，因為有些休息站使用沐浴設備要付費，有些禁止貨車司機以外的人使用。我們很幸運，都是遇到親切的店員歡迎我們使用，才讓我們睡車上的日子變得舒服又愜意。

老朋友相聚

開了幾個鐘頭的車，我們到了澳洲首都坎培拉。以美麗的湖泊為中心，四周延伸著整齊街道，多元化的設計和林立的百貨公司，與綠意盎然的公園互相輝映。品嘗了道地的「Koko Black Chocolates」，到戰爭紀念館體會生命的嚴峻，在國會議政廳讚嘆自由民主，在友善的休息站洗了澡、過了安穩的一夜，我們到了夢想中的雪梨。

在加頓當我們室友的日本情侶也在那邊，所以就先去投靠他們。電話裡傳來興奮的聲音，對街馬路上熟悉的身影，我們跑過去和Jun & Hiromi擁抱。日本情侶準備了涮涮鍋大餐和清酒，聊著從我們上雪山後幾個月裡彼此過得好不好。午夜的鐘聲停不了堅定的友情，四個人在一起開心地說說笑笑。

隔天我們四個人一起去邦迪海灘（Bondi Beach）衝浪（或者是說被海浪衝），喝飽了海水，我和Olivia改做日光浴。到雪梨的中國城吃中國菜，到受歡迎的戲院看英語字幕電影。在歌劇院前面我們跳在空中拍照，在環提碼頭（Circular Quay）的高級咖啡廳欣賞世界最寬的雪梨大橋，在歌劇廳欣賞了布景華麗的愛情故事，漫步岩石區（The Rocks）歷史悠久的街道，接受文化的薰陶。因為每日笑一笑，所以世界更美妙。

讓我扮演一個小丑，讓我在嘻嘻哈哈的歡笑聲中不知不覺地老去；寧可用酒溫暖我的腸胃，也不要用悲哀的呻吟去冰冷自己的內心。

—莎士比亞

25 挫折，是旅行給我最好的禮物

一朵在溫室長大的玫瑰，無法孕育出大自然野性奔放的動人色彩。
一個沒經過高溫燒烤的陶器，也無法展現釉色青出於藍的光彩奪目。
一個沒有挫折的人生，就像是一座沒有上帝的教堂，
一座沒有佛陀的寺廟，怎麼也莊嚴不起來。

地雷農場

來到藍山國家公園，欣賞三姐妹岩的豐富想像力。日光下的尤加利樹湛藍色一片，溫特沃斯瀑布（Wentworth Fall）濺起的水花纖細而美麗。

打電話給朋友聊聊近況，在雪山認識的好朋友Kate說她們在楊北方的一個小鎮找到了採櫻桃的工作，明天就要開工，但因為農場規模不大又地處偏僻，所以還缺三、四人，問我們有沒有興趣。Kate也提醒我們那裡生活環境很糟，要做好心理準備。

我和Olivia相視而笑，心想我們睡車上的環境已經算是差到了谷底，再糟還能糟到哪裡去？而且一來可以先熟悉採櫻桃的技巧，二來可以和好朋友相聚，說什麼也要蹚一蹚這個

渾水，路途再遙遠也值得去。

從柏油路開到石子路，再從石子路開到泥土路，偏僻的農場讓我的GPS再次的鬼打牆。想起哥倫布發現新大陸不是靠航海圖，而是他的信念，因此我們把執著當導航，用信心清除路障，終於在下午三點抵達目的地。簡短地和Kate敘敘舊，我們向農場主人自我介紹，早上的大雨讓我們放棄在泥濘的泥土上搭帳篷，過度時期就先睡在車子裡。

隔天清晨六點我和Olivia換上農裝，背上籃子準備去採收櫻桃。祕訣就是先將櫻桃樹枝彎下來夾在腋下，再用雙手的大拇指壓下連枝的櫻桃。因為是新種的櫻桃樹，所以農場主人再三叮嚀不要傷到樹上的新芽。

能採收的櫻桃不多，倒是有很多昆蟲來湊熱鬧。如果每抓一隻蜘蛛能換一澳幣，那我一天少說可以多賺五十澳幣的額外收入。聽到Olivia尖叫連連，就知道她又發現了稀有的品種，原來蜘蛛有紅的、綠的、黑的、橘的、黃

的，比iPod的顏色還要多；大小有像指甲的、像五十元硬幣的，也有像手掌一樣大的，心理受到的驚嚇比看年輕美眉卸妝還要可怕。

太小的櫻桃不能摘，未成熟的亂採還要罰雙倍，新種的樹結果本來就有限，我們又是第一次採收櫻桃，一整天下來，按量計酬的結果是三十澳幣。什麼？曬了九個小時的太陽，才賺三十澳幣，時薪等於三塊澳幣而已，我們看著磅秤上的數字，下巴掉到了地板上面去。

晚上吃著簡單的泡麵，Kate向我們說抱歉，Olivia說既然要來，就不會有後悔，吃苦就是磨練，我們還要謝謝她替我們介紹了這個工作機會。我從克難的冰箱拿出汽水，笑著慶祝我們洗盡鉛華，太陽就要下山，農場裡沒有可以洗澡的地方，只能用水塔引下來的水沖澡，男生女生都一樣，生活的環境雖然困苦，但卻可以突顯友情真實的光芒。

入住YAA

老天爺會為人們做出暗號，但如何解讀才是關鍵。連下了三天的大雨停工，我們只能窩在要什麼沒什麼的車子裡。無情的雨打在心頭上，我們收到溫蒂小姐的簡訊，她說二個星期後準備開工，要我們別跑太遠。告別了老朋友，大家各自為自己的人生奮鬥努力，我們在大雨中離開了農場，到鎮上車屋公園住了一星期，車屋裡有廚房、有冷氣，彌補了幾天前因為昆蟲噩夢而受傷的小小心靈。利用晴朗的天氣曬曬枕頭睡袋，Olivia用農場主人送的櫻桃完成了限量的巧克力奶昔。

自己換了車子的機油，弄黑了衣服和雙手，隔行如隔山，許多事吃了苦之後才會懂得珍惜。過了幾天帝王般的生活，我們養精蓄銳向楊出發，憑著黃卡上的序號，住進了農場主人安排的員工宿舍「ＹＡＡ」。管理員老爺爺尖酸刻薄的語氣，讓我們像是從集中營搬到監獄，彷彿所有的人都被判了無期徒刑。搬好了行李，和其他的背包客聊聊天，隔壁房間的室友說他為了等工作已經住了二個月，沒有工作收入還是要繳房租，如果不繳，老爺爺就會威脅要沒收黃卡，所以許多住進來的人雖然抱怨連連，卻也是不敢吭氣。

另一個背包客說ＹＡＡ以前是醫院，現在的房間全部都是由病房改建，晚上沒事不要到處亂晃，停車場旁邊用鐵鍊鎖上的大樓是訓練膽量的好地方。我和Olivia住在A棟十九號房，冰箱裡的食物有時候會不翼而飛，樓下的房間有許多被打破過的門窗。這裡是當地不良少年測試煙火的祕密基地，幾個背包客的車子停在停車場都已經紛紛遭殃。

戰場廝殺

第一天到溫蒂小姐的農場報到，看了採櫻桃的教學影片，大家正襟危坐，像是參加公務人員講習。填了稅號，辦好手續，一行人往農場前進。路上大家你看看我，我看看你，既然同為天涯淪落人，相逢又何必曾相識。

負責監督我們的工頭說，他不在乎長相，只問重量，誰櫻桃採得快採得多，誰就可以是老大。我們是被請來的傭兵，看到櫻桃就要搶，看到對手就要廝殺。如果不想對自己的薪水殘忍，就不能對敵人善良。

先前在小農場工作的經驗讓我們很快上手，加上這個農場裡成熟櫻桃令人匪夷所思的數量，我和Olivia週薪大約在七百至八百澳幣之間。每顆櫻桃都是錢幣，為了多搶一些，許多人乾脆不上廁所、不吃午餐，瘋狂地採、不停地裝，像是上輩子沒看過櫻桃一樣。這裡沒有人有心情陪你聊天，也沒有人管你適不適應，用櫻桃裝滿地上箱子的速度，印證了「弱肉強食，適者生存」的道理。

最好的禮物

時至今日，我和Olivia出國已經一年左右，若要說起快樂的回憶，就一定和滿足有關；而說起難忘的回憶，就一定和挫折有關。因為每個挫折的背後，都是一件禮物。雖然有時候我們不想要禮物，雖然有時候Olivia想把這個禮物退回去，但咬緊牙關事過境遷之後，才會發現遭遇的挫折越悲慘，難忘的回憶就越深刻。

如果不能改變事實，那就試著改變我們對事情的看法。就像一條路走到了盡頭，需要轉彎向下一條路前進一樣，一顆樂觀知足的心是很重要的。或許每次遇到紅燈都會讓我們覺得自己運氣不好，怎麼剛好停到我們，其實反過來想，下一個綠燈我們將會是第一個出發的，

不是嗎？站在山頂，或許能看見美麗的風景，但是卻不能再繼續向高處前進。不必羨慕站在山頂上的人，因為我們有生活的目標、有追求的理想，所以我們不斷向前，不斷努力、學習、大步邁進。

學會珍惜現在所擁有的，才是最富有的人。許多結了婚有了經濟基礎的人，的確買得起以前所買不起的，但並沒有因此獲得快樂與滿足。在我的回憶裡，最好吃的蛋糕，不是那塊上千元的松露巧克力黑森林，而是在一個下雨天，和Olivia兩個人沒帶傘，在東區一家咖啡店裡點的提拉米蘇，我們一邊吃一邊嘲笑對方被淋濕的頭髮，那一口蛋糕，好甜，甜到了我的心坎裡。精緻的物質生活或許能讓我們得到快樂，但是從滿足的心靈中擴散出去的喜悅，才是真正的幸福。

所以，辭職的委屈讓我當上人生的總經理，紐西蘭開車吃了中指大餐讓我開車更小心，自己下廚燙傷了手讓我懂得感謝媽媽的叮嚀，被警察誤會成小偷讓我學會處變不驚，和青少年住在一起讓我知道人生有時候不能太認真，嚴苛的房東幫助我跨出舒適區，高空跳傘主傘沒打開讓我明白人生重要的並不是百萬年薪，沙蠅無情的攻擊讓我學會保護自己，在天黑的魔戒森林迷路讓我對Olivia更珍惜，在賭場賭輸了錢教會我知足才會開心。

剛到澳洲找不到工作才讓我勇敢創業，在草莓農場彎不直的腰讓我對別人的付出銘記在心，凌晨到包裝工廠找工作讓我學會謙虛，和韓國人吵架後我才知道先交流才能交心，雪山上偏袒韓國人的主管讓我警惕不要贏了別人輸了自己，趕不完的行程讓我學會為生活減少目標，在墨爾本揮金如土的空虛讓我擁有第一流的心，採櫻桃的惡劣環境讓我對自己所擁有的一切感到珍惜。

可怕的不是永遠第一名的人，而是被打敗又能馬上再站起來的人；考一、兩個零分並不可悲，可悲的是因此放棄而一蹶不振。一朵在溫室長大的玫瑰，無法孕育出大自然野性奔放的動人色彩；而一個沒經過高溫燒烤的陶器，也無法展現釉色青出於藍的光采奪目。一趟沒有挫折的旅行，就像一座沒有上帝的教堂，一座沒有佛陀的寺廟，怎麼也莊嚴不起來。

所以，別放棄，只要還有希望。轉個彎吧，一定能發現超越自己的契機，不必害怕挫折，拿出勇氣面對它，它能讓我們成長、讓我們變得更堅強，更能獨當一面，因為，挫折，是旅行給我們最好的禮物。

26

求職，是科學；辭職，是藝術

相對於求職的科學，辭職比較像是藝術。
科學講求事實，真相只有一個。藝術非常主觀，而且往往帶著情緒。
像是戀人要在分手後繼續當朋友，就要讓對方永遠記得你的好。

小道消息

採了幾天櫻桃，身體開始出現「農場工作症候群」，我的身上滿是蚊蟲叮咬的紅腫，Olivia則是斷不了與蜘蛛複雜的交情。成熟的果實越來越多，也越來越多人住進了YAA，早上的廚房如同戰場，太過在乎禮貌就永遠搶不到烤麵包機。

櫻桃的工作熱門，YAA住宿的房間大爆滿。為了公平起見，管理員爺爺說要用抽籤決定誰要搬家，天知道他是用電風扇吹還是真的有抽籤，我和Olivia根據「莫非定律」雀屏中選。搬到了距離市區三十多公里的哈登（Harden）小鎮，住進了一間蕭條已久的小飯店，踩在嘎嘎作響的木造陳年樓梯，我覺得這裡非常需要重新裝潢。雖然這裡離市中心比較遠要去超市有些不方便，但是我們的房間裡有King size的床、通風的落地窗，有我自己的小書桌，還有比較寬敞的廚房。搬家才不到三天，天空下起了大雷雨，想說下下雨無傷大雅，但這場雨竟然下了一整個星期。我和Olivia面面相覷了七天，暫停的採收工作令人難以相信，大夥兒失去工作收入，紛紛唉聲嘆氣，感嘆農夫靠天吃飯的辛苦，等待上班的通知遙遙無期。但既然挫折是旅行給我們最好的禮物，不如就開心地收下吧！所以白天Olivia在房間唱KTV，下午到對街去逛二手衣，我早上替愛車打蠟，晚上破關了好幾個掌上型遊戲。

後來幾週，櫻桃的產量越來越多，有小道消息說許多包裝工廠開始缺人。想到可以遠離昆蟲又不用曬太陽，我們又對生命燃起了希望。得知小鎮上最大的包裝工廠將在星期天YAA的B棟進行員工報到，或許有人剛好沒來，我們正好可以近水樓台先得月。

新的工作

報到的那天盛況空前，清一色都是年輕辣妹。看來包裝工廠老闆若不是有特殊的偏好，就是欣賞女孩子比男生細心。

旁邊也在等待機會的背包客說要進這間最大的櫻桃包裝廠，若不是有包裝經驗，就要有一張可愛的照片，大部分的人在半年前就已經預約錄取，想要進去恐怕沒有這麼容易。到了報到截止時間，有八個人沒有及時出現，許多人向包裝廠老闆自我推薦，希望能將自己嫁入豪門。

求職，是科學，注重的是效率，數字代表一切，人情只是空氣。分析了我們在澳洲求職的經驗，之所以每次都能順利找到工作，第一、要把自己包裝好，給對方一個好印象。第二、要站在對方的角度想，自己能為對方帶來什麼好處。第三、好話人人愛聽，說的話要讓對方動心，看到這麼多青春洋溢、穿著細肩帶的美少女站在我面前，加強了我要應徵上的動力。我這樣頂多算是精神出軌，不能算是搞外遇。Olivia看著我如此積極進取，卻不知道我葫蘆裡的小祕密。我們和大家一樣留下聯絡電話，但不一樣的是我們最後一個才離開，去找老闆話家常。

閒聊中我們展現了良好的英語溝通能力，讓他有好印象，接著我們介紹自己農場的經驗可以幫上他的忙，而且我們自己開車可以隨傳隨到，最後Olivia補上幾句好話，老闆笑得合不攏嘴，答應有機會一定對我們優先考量。

大雨後的櫻桃損失慘重，採收的氣氛像是守在加護病房的家屬，看著空蕩蕩的籃子，對於未來我們六神無主。工作時間越來越少，在這樣下去會入不敷出，我們正在祈禱能有奇蹟出現，就接到包裝工廠老闆希望我們去上班的電話。我們高興地開了兩瓶香檳，又再次的搬了一次家，老闆租下了YAA的B棟所有房間當員工宿舍，所以我們住進了二樓的三十二號雙人房。

定力的考驗

在包裝廠工作並不難，只要眼明手快主管就不會來找麻煩。每天從輸送帶上源源不絕的櫻桃中挑出賣相不好的櫻桃，一邊聽著iPod裡隨機播放歌曲，中午有微波爐可以用，早上下午各有一次休息。有時候我會去樓上折紙箱，和澳洲的老伯伯比賽手工藝。盛產期的工作時數增加，我和Olivia的薪資收入穩定。

我們的同事有許多泰國人，而且好幾個拿著最新的iPhone讓我們羨慕不已。詢問之下，得知原來平常監督我們工作的女主管是泰國人，而且她還是包裝廠老闆的老婆，看著面容姣好的泰國女主管優雅的五官，猜想她與老闆之間兩人年齡的差距。

住在YAA麻雀雖小的宿舍，每天睜開眼就是聽見女人的聲音，B棟全是包裝工廠的女孩子，少數的男生們就顯得格格不入。可能是我看起來有點娘，所以她們對我沒有心房，這裡的洗手間和浴室是開放式，沒有男生女生的分別，所以洗澡的時候常常發現女生洗好掛在門把上的蕾絲內褲，上廁所的時候可以發現不同款式的衛生棉。聽著左右沐浴間女孩哼著輕快的流行歌曲，看著不斷竄升的蒸氣，我才知道世上最遠的距離不是我愛你，而是這道牆只有一米八我卻不能爬過去。我在洗手台前面刮鬍子，幾個女孩子邊刮腋毛邊敷臉，她們貼身的衣褲是擊敗我道德良知的武器，我必須咬自己的舌頭才能勉強壓下生理反應。

有一次下了班洗完澡，我穿著短褲，用浴巾擦著半乾的頭髮，對面的浴室正好開門，走出了一個可能忘記帶衣服進去所以只圍著浴巾出來的妙齡女郎，她側著頭用雙手摸著臉頰，一邊是動人的黑色秀髮披在肩上，一邊是細緻頸部肌膚的柔嫩光滑，浴巾下的窈窕身材若隱若現，刻劃出雙腿玲瓏曲線的水滴順勢而下。我的腎上腺素上升，瞳孔沒有極限地放大，默默地吞了一口口水，魔鬼禁錮

了我天生的善良。晚餐時間廚房高溫的蒸氣，讓專心展現手藝的女人香汗淋漓。睡覺前隔壁房間的女生聽著蕭亞軒的〈突然想起你〉，歌詞中「一個人的夜，我的心，應該放在哪裡……」隱藏著她離鄉背景的寂寞空虛。我的右手抱著Olivia，心裡像在夜總會ＶＩＰ包廂，我的理智就要失守，我的攝護腺快要爆炸。原來櫻桃包裝廠的工作不只需要運氣，還要有過人的定力。

空襲警報

穿梭在女人堆的日子過得特別快，後院曬衣架上的內衣已經見怪不怪。忽然有一天夜晚的爆炸聲，讓所有人繃緊了神經。

「怎麼了？」Olivia問我。「不知道耶，下去看看如？」我說。「嗯，我先換個衣服。」Olivia回答。

下樓的時候，飆車族用輪胎高速摩擦地面的聲音讓我們膽顫心驚，全部的女生擠在走廊上，討論著要不要報警。叫囂的聲音像是喝醉酒，玻璃的破碎聲應該來自酒瓶。大家鎖好門窗，慶幸還好聽不懂道地的英語。直到警車出現，才結束這場舞台劇。

隔天出門的時候，發現警察在調查現場。清潔阿姨的車窗玻璃被打破，管理員老爺爺的車被燒出了一個大洞。雖然幸災樂禍不對，但許多人暗自拍手叫好，其他背包客的車子都沒事，推測應該是挾怨報復。所以做人不要太刻薄，天底下一報還一報。

辭職的藝術

吃膩了剛採的新鮮櫻桃，賺飽了口袋中的鈔票。耶誕節後一年一度的禮物日（Boxing Day）讓我見識到了女人瘋狂血拚的DNA，Olivia像是脫了韁的野馬，直奔半價的施華洛士奇。眼看就要進入雪梨跨年的倒數計時，我們決定要告別這在澳洲最後的美好工作。

相對於求職的科學，辭職比較像是藝術。科學講求事實，真相只有一個；藝術非常主觀，而且往往帶著情緒。所以辭職有時候需要貶低自己，才能為老闆的面子保留餘地，像是戀人要在分手後繼續當朋友，就要讓對方永遠記得你的好。辭職不是世界末日，說髒話之前要記得這個世界很小。每次辭職的經驗，都可以看清楚老闆的嘴臉。有時候老闆會把我們的衷心當放屁，眼中只有下個月的業績；有的老闆人很好，離開前送我們禮物還會問明年想不想回去。所以離開不見得是壞事，辭職不見得是不忠心，只要在工作的時候問心無愧，我們就算是對得起自己。

我們的心得是：第一、要表達想繼續為對方工作的意願，滿足對方的虛榮心。第二、語氣要充滿不捨，眼神要充滿悲情。第三、要找一個合邏輯的藉口，讓對方覺得你辭職的決定真的是逼不得已。有些背包客很誠實，跟老闆說要辭職去跨年，結果當天就被轟了出去。記得不要讓自己的坦承變成老闆眼中的白目，三個簡單的步驟，創造兩全其美的雙贏，才是最美好的結局，帶著包裝廠老闆送我們的櫻桃禮盒，我們要去雪梨大橋迎接新的一年。

後記：

宿舍不時可以聽到一些剛到澳洲、充滿鬥志的年輕人說，可以為了人生第一桶金而願意放棄一切。我只是想起《水滸傳》裡宋江招安之後浪子燕青對他主人玉麒麟盧俊義所說的話：

略地攻城志已酬，陳辭欲伴赤松遊，時人苦把功名戀，只怕功名不到頭。

27 人生中最美好的回憶，一定都與人有關

工作要快樂，就要有好的上司、同事，
下班要快樂，就要有好的家人、朋友，
睡覺要快樂，就要有好的老婆、小孩，
人！人！人！所有快樂的回憶，一定都與人有關。

雪梨煙火

十二月三十日的晚上，我們睡在雪梨跨年會場前的路邊，和幾個好朋友會合，卻早已經有上百人排在我們前面。有些人包著睡袋，有些人玩撲克牌，明明三十一日下午才能進場，前一天的晚上竟然和菜市場沒什麼兩樣。早上七點有人一夜未眠，有人呼呼大睡，每隔幾分鐘，就會上演為了插隊而吵架的精彩戲碼。從早上開始曬太陽，到下午五點進入會場，外人眼裡我們是吃飽太閒的偏執狂，但我們自己明白這可能是這輩子唯一一次可以當個狂熱的傻瓜。

為了搶到好位置，我們的策略是男生負責跑去卡位，女生負責拖行李去會合。通過嚴

格的安檢後，我和在雪山認識的Mike穿著拖鞋一路狂奔了一千七百公尺，旁邊的外國人面目猙獰，後面的大叔扯著我們的衣角，我們架了幾個拐子，踢走了幾個背包，夾腳拖鞋從耳邊呼嘯而過，幾個沒良心的人竟然使出這種爛招。找到了一個面對雪梨大橋與歌劇院的地方，把帶來的布往地上一鋪，就算大功告成。我去幫Olivia拖行李，Mike在位置上架上遮陽布，接下來就是等到晚上十二點。有人大方穿比基尼做日光浴，我們嘴巴吃水果眼睛吃冰淇淋，港口海面上停滿準備狂歡的遊艇，一架飛機在空中寫下「Will you marry me」。

進入倒數的時刻，大家high到最高點。震耳欲聾的尖叫聲伴隨著華麗煙火升空，溢於言表的感動讓眼淚和鼻涕一起失控。三百六十五種花火變化象徵未來每一天的獨特，讓全部的人起立鼓掌的是最後百花齊放的大煙火。新的一年有新的願望，但老朋友會越陳越香。

三分之一的快樂

命運造就了我們的親戚，選擇造就了我們的朋友。如果把人生分成三等分，我們就等於花三分之一的人生在工作，花三分之一的人生在休閒活動，剩下的三分之一用來睡覺做夢。

人生若能遇見相知相惜的上司、同事，就能擁有人生中三分之一的快樂。能有懂得惜福的老婆、小孩每天能安穩入睡，又能得到另外三分之一的快樂。若能在人生各個階段，遇見世界各地的朋友豐富自己的生活，便能再取得這人生中最後一個三分之一的快樂。一路走來，回想起所有的快樂，最重要的關鍵就是人！人！人！

當人們將離開人世前，掛念的絕不會是電腦要不要升級，或什麼時候要換新手機，而是掛念身邊的朋友，守候在一旁的家人親戚。旅行就應該把時間花在與人建立關係之上，而不是只到著名的景點拍拍照然後回國向朋友炫耀。在ＹＨＡ認識的室友，紐西蘭挖溫泉認識的瑞士老爹，Ｂ＆Ｂ裡的德國青年，冰河健行的教練，答應我創業的澳洲老伯，一起當室友的日韓情侶，雪山上的死黨，一起到世界中心冒險的幾個兄弟，每一個旅途中的朋友像是一種顏料，在我回憶裡的畫布上彩繪了唯一而且獨特相互交融的繽紛亮麗。

要讓一段旅行深刻銘心刻骨，用心地去認識一些值得認識的人，一定會讓你不虛此行。

變裝Party

跨年煙火之後，接下來真正的好戲才要上演。滿街上精神亢奮的人像是來到不夜城，不遠處尖叫失控的情緒像是走入瘋人院。拿出準備好角色扮演的衣服，我們要去參加跨年變裝派對。日本情侶扮成印地安人，我們戴上假牙變成吸血鬼，有人扮成白雪公主，也有人扮貓王唱搖滾樂。街上的夜店琳瑯滿目，豪放的女孩們脫掉了衣服，站在九百二十八分貝的喇叭前，沒有人還記得自己是誰。

帶動氣氛的嘻哈歌手把我拉上舞台，一個喝醉酒將我錯認是她男友的金髮女孩往我的懷裡鑽。她把我強壓在DJ後面的牆上，柔軟的胸部就緊貼在我的胸膛，我驚訝地沉醉在失樂園當偷吃禁果的亞當，Olivia沒有看到這一幕跑去和日本情侶閒話家常。人生真是處處有驚喜，這樣天大的好事竟然在二〇一一年第一天就被我碰上。

設定好的鬧鐘趕走了昨夜的荒唐，一月一日的天空開始微亮。宿醉的頭痛讓我像在加護病房，身體的器官抗議開始玩《戰國無雙》。新的一年天氣晴朗，Olivia起了大早烤了明太子海鮮披薩。謝謝日本情侶的盛情招待，我們即將前往下一個地方。過去的一年裡領悟到很多事，即將到期的VISA讓我們開始想家。

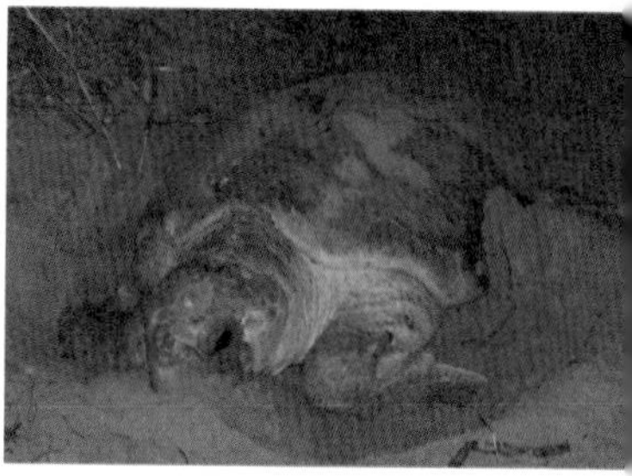

28

沒有什麼事情，是命運女神不敢做的

人是一個軟弱、沒有保護，暴露在意外、疾病暴虐下的血肉之軀。我們所珍愛的一切，都有可能在極短的時間內，全部消失殆盡。

不尋常的大雨

翻開手上的行事曆，看著筆記本上滿滿的標記。在澳洲的最後一個願望，就是到世界遺產大堡礁浮潛找尼莫（Nemo）探探親。

從雪梨向北來到風光明媚的拜倫灣（Byron Bay），買了美味的捲餅和手工冰淇淋。一望無際的海上衝浪可以看見跳躍的海豚，但要小心透明有毒的水母和神出鬼沒的大鯊魚。繼續往北來到澳洲最多圓環的努薩（Noosa），熱鬧的海灘適合和心愛的人一起流浪培養感情。

一連幾天的午後雷陣雨，似乎有些不尋常，但想到在墨爾本遇過冰雹，在櫻桃農場也常遇上大雨，我們也就不那麼在意。人雖然為萬物之靈，卻永遠學不會觀察命運女神善變的脾氣。

世紀洪水

才離開努薩沒多久，前面的Ａ１公路竟然封閉，車窗外下著大雨，路障前面排隊的車主和我一樣著急。原來雨水造成了土石流，許多的柏油路開始坍方，交通警察指揮大家掉頭，最快的雨刷速度還是看不清楚前面的路況，如果這不是好萊塢的特效，那眼前的滿目瘡痍就是世界末日的寫照。

往回開到一個鐘頭前經過的小鎮，卻令人懷疑這怎麼可能和剛才是同一個地方。城鎮上一半的道路已經被水淹沒，房屋前堆滿了沙包還是擋不住大自然無情的力

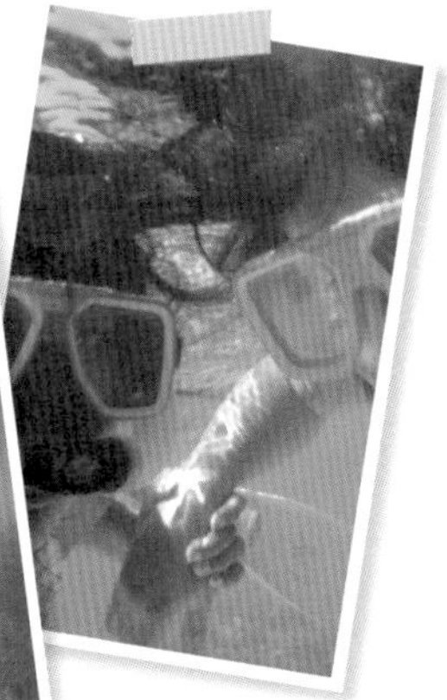

量。上網查RACQ公布的道路資訊，發現我們所處的小鎮四周道路全部中斷處在孤立無援的狀況。進入購物中心找超市買些東西果腹，生鮮食品的貨架上寫著「抱歉，全部售完」而空空蕩蕩，不要說買不到麵包牛奶，就連蘇打餅乾也是被搶購一空。到市區的加油站加油，不是遭淹水關閉就是已經沒有庫存油，我和Olivia一時之間六神無主四目相對，第一次如此強烈地感受到原來「活下去的希望」是這麼渺茫。命運女神不過是打個噴嚏，全體的人類就要一起遭殃。

新的生命

根據當地遊客中心的資訊，我們到了一個沒有淹水、比較安全的車屋住了幾天。超市限定洪水期間每人只能購買一條吐司，向北的主要道路還是禁止通行。打開直播的電視新聞，整個昆士蘭正遭遇十年內最大洪水的打擊，有些人站在屋頂求救，有些人失去了一生積蓄，到youtube看相關影片，還可以看到數百台汽車同時滅頂。雖然這裡的陽光和煦溫暖，但是重建的路上還是需要大家一起努力。

幾條較小的便道已經修復，我們小心翼翼地向北前進。來到著名的邦德堡（Bundaberg）啤酒工廠，我和Olivia小酌一杯最新的潮流時尚。遊客中心裡熱心的媽媽推薦我們去看海龜產卵，體驗生命誕生的無比震撼。拿著燈走在夜晚的沙灘，在保育人員的帶領下看見了海龜媽媽。海龜媽媽要四個人才搬得動，用盡了全身的力氣一步步向前爬，捧著她流淚產下的新生命，我們為這個即將誕生的小寶貝取名叫做「琳達」。

由於高速公路還在搶修，所以我們只能走小路，向世界遺產前進。

大堡礁之旅

大堡礁超標的紫外線掀了我背上的皮，湛藍的海水與主動靠近的魚群讓我興奮莫名。珊瑚礁島上天堂般的貝殼砂我不知從何寫起，那不是屬於凡間的東西。慵懶的海星精神萎靡，優雅的珍珠蚌貴氣超群。尼莫在愛人身邊游來游去，綠海龜的三寸金蓮像是黃花大閨女。透明的海水可以看見十公尺外的金槍魚，海豚優游嬉戲在船邊的漣漪。魟魚依依不捨地緊跟在後，我閉上雙眼深呼吸，像是剛看完一部令人發省的電影。

29 出國前我精通琴棋書畫詩酒花，回國後我擅長柴米油鹽醬醋茶

讓女人興奮的不是吃威而鋼，而是願意面對壓力扛下責任的肩膀。
讓老婆高潮不是靠尋找神祕的G點，
而是在生活中的每個細節中對她體貼一點。

漫卷詩書喜欲狂

完成了一年前所有既定的計畫，我們向南來到了黃金海岸，整個昆士蘭還是籠罩在洪水的陰影下，慶幸的是我們在網路上找到了可以住宿的地方。進入了打工度假的尾聲，沒有了找工作的壓力，充裕的時間讓我們可以到湖邊釣魚，到超市吹吹冷氣。高掛天空的圓月，提醒我們要記得聯繫家人之間的感情。

把車上可以傳承的家當分送給隔壁的室友，將陪伴了我們一整年的愛車半價賣給了二手車商，賣出的價格剛好可以買一台全新的Apple電腦，令人興奮的是我們訂好了飛回台灣的機票。數字的事情就先放在一邊，這一趟旅行讓我們學會快樂地過生活才最重要。

心的轉變

四百二十五天之後，二〇一一年的一月二十五日上午十一點二十二分，我們再次踏上當初出發的地方。在國外的生活雖然好，但卻不是我們的家鄉，台北車站的景色依然沒有改變，但我們的心已經整個不一樣。人生就像是不停地畫圈圈，每隔一段時間就會回到原點，向下一個更大的圓圈出發。

回到台灣的生活，忙著逛夜市，忙著和家人朋友聚餐。朋友們喜歡問我總共賺了多少錢，還有為什麼我笑起來的感覺有點傻。我的答案常常讓他們先是驚訝然後大笑，笑我是不是應該去做做腦部超音波檢查。

談到未來，一個說他的基金賺了三十萬，一個說他利用槓桿操作買了一些房地產。炫耀之餘卻又不想承認是緊張的壓力才讓髮線變高，身體揮之不去的疲勞是吃了太多幫助入睡的安眠藥。人生就是等價交換，得到的和失去的旁人都看得到。想起曹雪芹在《紅樓夢》裡說的：

世人都道神仙好，唯有功名忘不了；
古今將相在何方，一堆荒冢草沒了。
世人都道神仙好，唯有金銀忘不了；
終朝只恨聚無多，及到多時眼閉了。
世人都道神仙好，唯有嬌妻忘不了；
君生日日說恩情，君死又隨人去了。
世人都道神仙好，唯有兒孫忘不了；
痴心父母古來多，孝順子孫誰見了。

許多人像我的朋友一樣，拚了一輩子的命想要到達夢想中的城堡，但現實生活中不是只有另一半才需要我們擔心，不是只有存款簿才會讓我們煩惱。如果不知道如何為自己找到快樂，盲目追求無止盡財富的人生就像是蠟燭兩頭燒。「相由心生」的寓意是過了三十歲之後，認識十年的好朋友也可能因為價值觀不同而分道揚鑣。快樂比裝闊重要，踏實比有錢可靠，今晚的甜點上了桌之後，會繼續連絡的朋友將越來越少。我在人生競爭的戰場上提前投降，放下了槍穿上圍裙開始陪Olivia走進廚房。

新女子男人

去澳洲之前我精通琴棋書畫詩酒花，澳洲回來後我擅長柴米油鹽醬醋茶。過去的我老是想把女孩子哄上床，現在的我會幫媽媽洗碗衣服都自己燙。Olivia如果那個來，家事我也很樂意幫忙。談戀愛需要花言巧語，和另一半過生活要將心比心。浪漫的愛情故事往往發生在月亮升起之前，恐怖的真人快打常常發生在太陽下山之後。熱戀期親了半天還不夠，交往才半年一言不和就會開始吵架。旅行之後我才明白讓女人興奮的不是吃威而鋼，而是願意面對壓力扛下責任的肩膀。要讓老婆高潮不能只靠找到G點，而是要在生活中的每個細節中對她體貼一點。

一起生活的喜怒哀樂讓我了解女人的心思，同時擁有男人的粗壯。逛市場我會幫忙提，運動不一定要去健身房。老婆顧家很辛苦，水電費包在我身上。付出就是一種幸福，幸福洋溢在我臉上。我不再斤斤計較，生活也不再歷經滄桑。Olivia想吃麻油雞，那我吃滷肉飯也很棒。我承認自己是新女子男人，所以變得有點娘，但只要能讓身邊的人開心自己也快樂，偶爾擦擦指甲油又何妨。

30 為自己工作，因為一生上班的日子很多

人的一生要換三份工作。第一份工作是為了生存，第二份工作是為了興趣，第三份工作是為了夢想。

為自己工作

以前的我把人生每一天都當作最後一天，希望生命不要留下遺憾。現在的我把每一天都當作第一天，隨時迎接新的挑戰。我探索各種新奇的構想，嘗試不同可能的方向。澳洲職場給我上了一課是「活在自己的價值中」，不要在贏了別人的時候，自己跑去跳汨羅江。

湯姆克魯斯在電影《征服情海》裡說：「如果我無法在工作時保有個人的深層價值，如果我們無法做真正的自己，那我們如何用真實的面目來面對客戶？」歷史上還沒有一個王國在滅亡之前，能預料到自己會有垮台的一天，但我們可以在與死神打交道之前，為自己的工作找到方向。上班需要的不只是皮夾和鑰匙，我們也應該把「心」一起帶上。

在澳洲創立的L&O 臉部彩繪提醒我要找到工作的樂趣，雪山上嚴謹的工作告訴我要為工作找到意義，人生不是二選一，只有不斷思考，才能幫助我們從灰色地帶遠離。說到「成就」，我們的答案是什麼？美滿的家庭？長命百歲？財務自由？還是快樂人生？如果有人可以決定工作應該把我們帶去哪裡，那麼這個人最好就是我們自己。

第十六次面試

為了自己工作的堅持，讓我碰了不少銅牆鐵壁。五年級的面試官覺得我難搞，但我只是希望未來的工作不要逼我情感分離、上班還需要戴著面具。事與願違的結局，就像是電視已經演到不想演的肥皂劇。每個月政府寄來健保繳費單還有國民年金，準時得像是郵局就在我家隔壁。如果沒有Olivia的鼓勵，或許我會對我的原則妥協放棄。她說如果愛因斯坦繼續當辦事員，這世界如何有相對論？如果梵谷繼續當畫商，我們如何能看見名作〈星空〉？羅斯福如果選擇歸隱，美國不就少了一個偉大的總統。我聽了頻頻點頭，挺起胸膛再接再厲。

到一家號稱品質以卵擊石的公司，主管劈頭就問我：「請你說出十個我應該聘請你的理由。」我知道他希望聽到積極的答案，但旅行之後我看得很開，凡事不強求，於是跟他說：「您經驗比我豐富，應不應該僱用我的理由不是我來說，但我很樂意分享聘請我之後你可能會後悔的十個理由。」結果沒幾分鐘，人資就發給我人材卡。到一家ＩＣ設計的外商，主管想和我切磋演算法，可惜我對Ｃ罩杯比對Ｃ語言更有興趣，所以沒能加入他那五個人有八個碩士的神人部門。到一家法商電機公司面試，遲到半個鐘頭姍姍來遲的主管第一句話不是抱歉，而是問我怎麼沒有遲到，他嘴裡飄出淡淡的菸味，很明顯才剛抽完菸，不在乎別人時間的人怎麼可能會是好主管，我如果答應這個offer，那我就是天大的笨蛋。

一家工業電腦公司的主管要我準備簡報，題目是如何增加市場占有率，報告之後他要我回家等通知並留下ＰＰＴ，才知道原來他也剛上任沒多久這是總經理給他的測驗，我闔上電腦看著天空，是我自己一頭熱才傻傻栽進去。一家代工廠要我參加新幹班考試，我問他除了錢還能給我什麼東西，他說你不來還很多人等著排隊，要我不要太臭屁，其實我是想知道這個工作背後的意義，沒有耐心的人資反映出公司體制問題背後的問題。到手機大廠面試，大頭症的主管第一句話就是他畢業於Ｘ大電機，博士是在美國念的PhD，在他手下工作很操，我心裡也在罵操，他問我為什麼要念技職體系，我說因為我沒有他的聰明，他那雙看著我的眼睛長在下巴，所以才會有今天驕兵必敗的股價。面試很像打棒球，但問題是有時候就連沒有投手，我也可能被三振出局。

一個半月十六次的面試，拿到五家公司的offer。可能是被拒絕得怕了，可能是東奔西走得累了，如果不是一通突如其來的電話，可能我用在思考將來要做好幾年的工作上所花的時間，會比Olivia在師大夜市挑髮夾的時間還要短。

美商GE

到GE四次的面試，經過了層層關卡。第一關和香港的主管電話面試，第二關參加日本部門主管的線上會議。熱心的Debbie幫了我很多忙，也是我第三關的面試官。第四關是將來的主管，而今天打電話來的是台灣公司的總經理，我最後一關的面試。那是一個戰戰兢兢的下午，他一派輕鬆地走進辦公室。

「你好，我是美商奇異台灣公司的總經理。」他說。

「您好，我是Layton，很高興見到您。」我說。

「根據我手上的資料，之前面試你的主管有人喜歡你，有些則是對你有些疑慮，因為我們在找的是值得信任的業務人才，是負責攻城掠地的戰將，你的言談中的確有些智慧卻不夠積極，但如果你能答應我努力改變，我們願意給你這個機會。」他把雙手往桌上一放看著我說。

「總經理，達成業績不一定要用『積極』催眠自己，只要對專業夠了解，對產業發展夠清楚，把客戶永遠擺在第一位，業績怎麼會做不好？我用了一年兩個月才學會謙虛，學會勇敢做自己，我不想改，也不會改。現在的我，才是最真實的我。心中無敵，無敵於天下。如果我試著成為另外一個人，一定會遭受到徹頭徹尾的失敗。」我誠懇地說。

總經理只是皺著眉頭沒有說話，不知道是說出了他的心聲，還是他覺得我膽子怎麼那麼大。三天後，美商GE給我offer，理由是我願意面對現實，能看清自己，願意在跳高之前先蹲下。GE是美國歷史最悠久的公司，是國際間公認培養CEO的搖籃。HR用豐富的學習資源與改變世界的口號打動了我，讓我推掉了其他公司的邀請。

我是工程師，不是魔術師。進入大公司就要知道，以一己之力絕不可能改變積習已久的官僚氣息。如果我經常攻擊制度，就會成為制度攻擊的目標。

啦啦隊隊長

進入公司之後，第一個跨部門的任務就是擔任新春團拜啦啦隊的隊長。但並不是我舞跳得特別好，而是在八個團員裡面我年紀特別大，副隊長Elyse小我二歲，公關長蔡水晶小我五歲，Meco老師看起來頂多和我一樣，我才出國一年怎麼就覺得人事已非。

一邊忙著準備下個月的研討會，一邊報名出差受訓的機會，每一天工作都有新的挑

戰，每一秒的時間都彌足珍貴。快樂，就是對生活樂觀，對工作愉快，對事業興奮，只要持續熱中在我們感興趣的事情，我們就會永遠年輕，天天充滿活力。

天地會的密令……again

一個排滿新人訓練的下午，有兩堂國際貿易要上，三份市場報告要交，四個人也做不完。手機APP鈴聲響起，是Olivia，我交往七年的女朋友。

「晚上有要事商量。這是天地會的密令。」

當年向Olivia告白的時候，她說我像韋小寶一樣古靈精怪，讓她沒有安全感，除非我加入天地會，奉她為總舵主，否則免談。於是從此之後我成了白木堂的堂主，只要接到這密令，就算上刀山、下油鍋，也要準時赴約。

七年多來，我只接過三次密令，一次是去當兵、一次是出差去上海、一次去紐澳旅行。回APP時我沒有多問，下班後直奔忠孝東路。我的經驗告訴我：代誌又大條了。

走進巷弄裡的咖啡廳，Olivia面帶微笑，桌上的提拉米蘇已經吃了兩口。紫色的連身洋裝、粉紅色的唇蜜，像是我向她告白那天一樣。

我坐下，點了雙倍拿鐵、鮪魚起司鬆餅，我們寒暄了幾句，用了六包代糖穩定情緒。

Olivia開口問我：「你有沒有看今天的新聞？」

「有啊？妳是說哪一則？」我說。

「我看到如果透過ＩＥＣ『體驗加拿大計畫』，三十五歲之前都還可以到加拿大打工度假耶！」她說。

「加拿大？妳不會是認真的吧？」我手上的刀叉掉到了桌上。

Olivia笑笑地看著我：「你說呢？」

國家圖書館出版品預行編目（CIP）資料

旅行，從心開始／林政達著；初版. -- 臺北市
商周出版：城邦文化發行，2013.03
面； 公分

ISBN 978-986-272-339-5（平裝）

1.修身 2.生活指導
192.1 102003383

人生心視野 BN1032

旅行，從心開始

一段沒有彩排的真實故事

作　　者／林政達
企劃選書／張曉蕊
責任編輯／簡翊茹
版　　權／黃淑敏
行銷業務／周佑潔、張倚禎

總 編 輯／陳美靜
總 經 理／彭之琬
發 行 人／何飛鵬
法律顧問／台英國際商務法律事務所　羅明通律師
出　　版／商周出版
臺北市104民生東路二段141號9樓
電話：(02) 25007008　傳真：(02)25007759
E-mail:bwp.service@cite.com.tw
發　　行／英屬蓋曼群島商家庭傳媒股份有限公司　城邦分公司
臺北市104民生東路二段141號2樓
讀者服務專線：0800-020-299　24小時傳真服務：(02)2517-0999
E-mail：cs@cite.com.tw
劃撥帳號：19833503
戶名：英屬蓋曼群島商家庭傳媒股份有限公司城邦分公司
訂購服務／書虫股份有限公司客服專線：(02)2500-7718；2500-7719
服務時間：週一至週五上午09:30-12:00；下午13:30-17:00
24小時傳真專線：(02)2500-1990；2500-1991
劃撥帳號：19863813
戶名：書虫股份有限公司
E-mail：service@readingclub.com.tw
香港發行所／城邦（香港）出版集團有限公司
香港灣仔駱克道193號東超商業中心1樓
E-mail:hkcite@biznetvigator.com
電話：(852) 2508-6231
傳真：(852) 2578-9337
E-mail：hkcite@biznetvigator.com
馬新發行所／城邦（馬新）出版集團
Cite (M) Sdn Bhd
41, Jalan Radin Anum, Bandar Baru Sri Petaling, 57000 Kuala Lumpur, Malaysia.
電話：(603) 9057-8822　傳真：(603) 9057-6622　E-mail：cite@cite.com.my

內頁排版／吳怡嫻
印　　刷／鴻霖印刷傳媒股份有限公司
總 經 銷／高見文化行銷股份有限公司　電話：(02) 2668-9005　傳真：(02) 2668-9790
行政院新聞局北市業字第913號

■2013年3月21日初版1刷

Printed in Taiwan

定價 330元

城邦讀書花園
www.cite.com.tw

ISBN 978-986-272-339-5